Fischer TaschenBibliothek

W0095174

Zum Jubiläum des Mauerfalls im November 1989 nimmt uns Bernd Ingmar Gutberlet in »Die Berliner Mauer für die Hosentasche« mit durch das geteilte Berlin. Die Mauer stand seit ihrer Errichtung im August 1961 symbolhaft für die Trennung der zwei deutschen Staaten, für unzählige Schicksale und Tragödien.

Wie sieht es dreißig Jahre später aus? Welche Spuren hat die Mauer hinterlassen?

In gewohnter »Für die Hosentasche«-Manier zeigt uns der Historiker und Berlin-Experte interessante und wissenswerte Fakten auf, die sonst in keinem Reiseführer stehen.

Bernd Ingmar Gutberlet, geboren 1966 in Fulda, ist seit den achtziger Jahren Berliner. Der Historiker hat zahlreiche historische und kulturhistorische Sachbücher sowie Berlin-Stadtführer veröffentlicht. Bei FISCHER Taschenbuch erschien zuletzt »Berlin für die Hosentasche – was Reiseführer verschweigen«. Neben seiner publizistischen Tätigkeit arbeitet Bernd Gutberlet seit 2007 auch als Stadtführer in Berlin: www.berlinfirsthand.de

Weitere Informationen finden Sie auf www.fischerverlage.de

Bernd Ingmar Gutberlet

Die Berliner Mauer
für die Hosentasche

Was Reiseführer
verschweigen

FISCHER TaschenBibliothek

Originalausgabe
Erschienen bei FISCHER Taschenbuch
Frankfurt am Main, Oktober 2019

© 2019 S. Fischer Verlag GmbH,
Hedderichstr. 114, D-60596 Frankfurt am Main

Dieses Werk wurde vermittelt durch
Aenne Glienke | Agentur für Autoren und Verlage,
www.AenneGlienkeAgentur.de

Umschlaggestaltung und -abbildung: Katharina Schmidt
Abbildungen im Innenteil: Katharina Schmidt
Satz: Dörlemann Satz, Lemförde
Druck und Bindung: Kösel, Altusried-Krugzell
Printed in Germany
ISBN 978-3-596-52295-8

Inhalt

Vorwort

Im Frühjahr 2018 beging Berlin einen Gedenktag, der auf den ersten Blick ein bisschen konstruiert wirkt: den Zirkeltag. Am 5. März 2018 war die Mauer so lange verschwunden, wie sie die Stadt geteilt hatte: 28 Jahre, 2 Monate und 27 Tage. Ein eher bemühtes Datum, fanden manche, dabei markiert es, wie weit sich Berlin vom Würgegriff der Teilung entfernt hat.

Dass das Ende der Teilung durch Mauer und Stacheldraht inzwischen dreißig Jahre zurückliegt, hat auch einen anderen Effekt: Mehr als die Hälfte der Berliner heute sind entweder nach dem Mauerfall in die Stadt gezogen oder geboren worden. Selbst den Berlinern, die die Zeit der Teilung noch erlebt haben, kommen konkrete Erinnerungen abhanden. Sich ohne Hilfsmittel zu erinnern, wo genau einst die Mauer verlief, geht schnell schief, und mancher Altberliner ist beim Herumführen seiner auswärtigen Gäste froh, dass im Zentrum eine Linie den Mauerverlauf angibt.

Berlin ist also, rein zeitlich gesehen, recht weit weg von Titeln wie »Frontstadt des Kalten Krieges« oder »Vorposten der westlichen Welt«. Und doch ist die Mauer irgendwie immer mit dabei, denn ohne sie kann man Berlin nicht verstehen. Nicht, warum hier Freiheit in allen Lebensbereichen einen hohen Stellenwert hat. Nicht, warum Berlin eine Metropole

7

mit Nachholbedarf ist. Nicht, warum die Stadt wirtschaftlich weiterhin weniger potent ist als etwa London oder Paris. Oder wieso es hier eigentlich zwei Zoos gibt und zwei Nationalgalerien.

Und dann ist die Mauer immer noch das, was Berlinbesucher auf jeden Fall sehen wollen. Manche finden, man hätte viel mehr davon erhalten sollen. Andere vergessen über dem Rummel, der am Checkpoint Charlie oder der East Side Gallery herrscht, dass die Mauer eine ziemlich schreckliche Wirklichkeit war, die der Stadt fast dreißig Jahre lang die Luft abdrückte. Wieder andere lassen sich zu den Schauplätzen des Mauerfalls führen und staunen, wie rasant sich Weltgeschichte abspielen kann.

Für Berlin bedeutete der Fall der Mauer, dass die Stadt wieder zu sich selbst finden konnte. In zeitgemäßem Gewand ist Berlin heute wieder, was es jahrzehntelang nicht sein konnte: eine quirlige, dynamische und spannende Weltmetropole.

Der lange Weg zur Mauer.
Berlin im Kalten Krieg

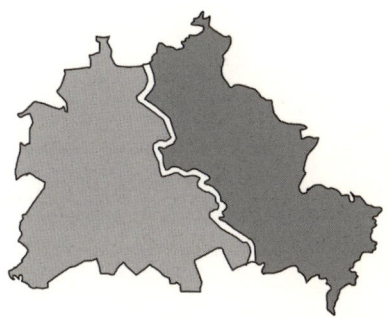

Von Stettin an der Ostsee bis Triest an der Adria
ist über diesen Kontinent ein Eiserner Vorhang
niedergegangen.

Winston Churchill, 1946

Mauer und Teilung gelten zwar als Charakteristikum schlechthin für die deutsche Geschichte in der zweiten Hälfte des 20. Jahrhunderts, beides aber war Ergebnis des Kalten Krieges, des Ost-West-Konflikts zwischen den Supermächten USA und Sowjetunion. Deutschland war darin weniger Akteur als Schauplatz und Objekt. Ein Höhepunkt dieser Auseinandersetzung war der Bau der Berliner Mauer 1961. Die Maueröffnung dagegen wurde noch in derselben Nacht als Ende des Kalten Krieges begriffen.

Die Vorgeschichte der Berliner Mauer reicht zurück bis in den Zweiten Weltkrieg, zu einer Absprache, deren Konfliktpotential seinerzeit nicht abzusehen war. Denn da waren Großbritannien, Vereinigte Staaten und Sowjetunion traute Verbündete im Kampf gegen den gemeinsamen Feind Hitlerdeutschland. In Sichtweite des Sieges schlug der britische Außenminister Anthony Eden im **Oktober 1943** vor, eine gemeinsame Kommission der drei Kriegspartner einzusetzen und zu planen, was mit Deutschland nach dem Ende des Hitlerreiches passieren sollte. Seit **September 1944** berieten Großbritannien, Sowjetunion und USA in London über die Verwaltung im besetzten Deutschland. Eine Aufteilung in zunächst drei Zonen war vorgesehen, jeweils verwaltet von einer der Siegermächte. Nach Kriegsende wurde auch Frankreich in diesen Kreis aufgenommen, so dass letztendlich vier Zonen eingerichtet wurden. Für Berlin vereinbarte man, die Reichshauptstadt in Sektoren aufzuteilen und gemeinsam zu verwalten. Später wurde eine vermeintliche Kleinigkeit zum Zankapfel: War Berlin, das geographisch inmitten der Sowjetischen Besatzungszone lag, auch ein Teil derselben? Oder handelte es sich um eine Exklave, an der die Sowjets nicht mehr Rechte hatten als die anderen Alliierten?

Doch solange der Krieg andauerte, klappte die Abstimmung der Waffenbrüder bestens. Die Alliierten Konferenzen in Jalta (Februar 1945) und Potsdam (Juli/August 1945) bestätigten die Absprachen. Mit der deutschen Kapitulation 1945 übernahmen zunächst die Sowjets, am **11. Juli 1945** dann in der Alliierten Militärkommandantur die Siegermächte gemeinsam die Befehlsgewalt in der Stadt. Die Sektoren erhielten Kommandanten, die in der »Kommandantura« gemeinsam arbeiten sollten.

Die Aufteilung der Stadt erfolgte nach Bezirksgrenzen – und sie richtete sich nach den Erfordernissen der Besatzungsmächte, die jeweils einen Flughafen, Eisenbahnverbindungen und Naherholungsgebiete brauchten und kurze Wege in ihre jeweilige Zone bevorzugten. Berlin hatte damals 20 Bezirke, die wie folgt aufgeteilt wurden:

Sowjetischer Sektor	Pankow, Prenzlauer Berg, Mitte, Friedrichshain, Treptow, Köpenick, Lichtenberg, Weißensee

Amerikanischer Sektor	Schöneberg, Kreuzberg, Tempelhof, Neukölln, Steglitz, Zehlendorf
Britischer Sektor	Spandau, Charlottenburg, Wilmersdorf, Tiergarten
Französischer Sektor	Reinickendorf, Wedding

Nach dem gemeinsamen Sieg aber traten die Konfliktlinien zwischen Sowjets und Westmächten immer deutlicher hervor. Vor allem ging es um Demokratie in den jeweiligen Einflusssphären, aber ebenso um die Selbstbestimmung der Völker und um Reparationen. Auf Grundlage einer vorläufigen Verfassung, die die Alliierten erließen, fanden in Berlin am **13. August 1946** erstmals seit der NS-Zeit freie Wahlen statt. Interessant ist, dass dabei die SPD fast 50 Prozent der Stimmen erhielt, aber die sozialistische SED mit knapp 20 Prozent noch nach der CDU auf dem dritten Platz landete. Das entsprach nicht den Vorstellungen Stalins. Um ihre Pläne durchzusetzen und der SED Vorteile zu verschaffen, griffen die Sowjets bei jeder Gelegenheit und nicht nur in ihrem eigenen Sektor, sondern berlinweit in allen Belangen ein, zum Beispiel beim Rundfunk. Der Zwist schaukelte sich hoch. Den Amtsantritt des gewählten Oberbürgermeisters Ernst Reuter verhinderte Moskau 1947 ebenso wie eine richtige Verfassung, die die provisorische ersetzen sollte. Am **16. Juni 1948** beendeten die Sowjets die Zusammenarbeit mit den Westmächten in der Alliierten Kommandantur. Kurz darauf scheiterte eine gesamtdeutsche Währungsreform: In Ost-Berlin führten die Sowjets die Ostmark ein, woraufhin die brandneue westdeutsche DM im Westteil Einzug hielt. Ergebnis war ein Währungschaos. Am **24. Juni 1948** blockierten die Sowjets über Nacht alle Verkehrsverbindungen von West-Berlin: Kein Lastwagen, kein Zug, kein Schiff aus Westdeutschland konnte mehr in die Stadt gelangen. Weil aber West-Berlin vor allem aus Westdeutschland versorgt wurde, sah sich der westliche Teil der Stadt plötzlich existentiell bedroht. Bis 1952 folgten die Teilung von Polizei und Feuerwehr, Stromversorgung und Müllabfuhr, Telefon-, Rohrpost- und Straßenbahnnetz sowie der Trinkwasserversorgung. Stalin wollte eine Lösung des Berlin-Problems nach seinen Vorstellungen erzwingen.

Ernst Reuter, Regierender Bürgermeister von West-Berlin, in einer Rede vor dem Reichstagsgebäude, 9. September 1948: *Wer diese Stadt, wer dieses Volk von Berlin preisgeben würde, der würde eine Welt preisgeben (…) Ihr Völker der Welt, ihr Völker in Amerika, in England, in Frankreich, in Italien! Schaut auf diese Stadt und erkennt, dass ihr diese Stadt und dieses Volk nicht preisgeben dürft und nicht preisgeben könnt!*

In dieser ersten Berlinkrise erwogen die USA, den Transit auf dem Landweg mit militärischer Gewalt durchzusetzen. Dann aber antworteten Amerikaner und Briten mit der legendären Luftbrücke, als deren Vater Lucius D. Clay gilt, damals US-Militärgouverneur für Deutschland. Die sogenannten Rosinenbomber versorgten West-Berlin über das Ende der Blockade am **12. Mai 1949** hinaus von der Luft aus.

Die Luftbrücke in Zahlen

Dauer	462 Tage (25. 6. 1948 – 30. 9. 1949)
Anzahl der Flüge	277 246
Abstand zwischen den Flugzeugen	13,5 km
Geschwindigkeit	270 km/h
Spitzenfrequenz	90 Sekunden
Landeplätze	Flughäfen Tempelhof, Gatow, Tegel; die Havel
Transportvolumen	1 831 200 Tonnen
Transportgut	63 % Kohle, 28 % Lebensmittel
Todesopfer	78
verlorene Flugzeuge	ca. 38

Stalin hielt zwar ein militärisches Großaufgebot in der DDR vor, wollte aber keinen Krieg riskieren. So lief seine Erpressung schließlich ins Leere. Noch während der Luftbrücke zog im **Spätsommer 1948** die Stadtverordnetenversammlung, ohne die kommunistische SED, ins Westberliner Rathaus Schöneberg, womit sich die politische Spaltung vollzog. Im Ostberliner Admiralspalast erklärte am 30. November 1948 eine »außerordentliche Stadtverordnetenversammlung« den Gesamtberliner Magistrat für abgesetzt und wählte einen eigenen. Fortan hatte Berlin zwei Parlamente, zwei Bürgermeister, zwei Währungen und unterschiedliche Lebensverhältnisse – aber die Grenze zwischen den Ost- und den Westsektoren konnte man weiterhin passieren. Zehntausende Ostberliner arbeiteten in West-Berlin und verdienten DM, kauften ein und sahen Hollywoodfilme in den dortigen Kinos, die Ostgeld akzeptierten. Umgekehrt arbeiteten Westberliner im Osten oder studierten dort, besuchten Freunde und Verwandte. Bis zu 60 000 »Grenzgänger«, also Ostberliner, arbeiteten im Westteil, auch ein Viertel der Westberliner Studierenden kam aus dem Osten. Dort wiederum arbeiteten mehr als 12 000 Westberliner. Man versuchte sich, so gut es ging, mit den schwierigen Verhältnissen zu arrangieren, und hielt damit das Stadtleben einigermaßen aufrecht. Die Berliner konnten die Verhältnisse weder übersehen noch ignorieren, und politisch keine Position zu beziehen war schwierig. Mitten durch Familien gingen Risse, wenn politische Ansichten auseinandergingen, manche Lebenswege trennten sich schon vor dem Mauerbau für lange Zeit.

Mit der Gründung der beiden deutschen Staaten 1949 wurden neue Fakten geschaffen. Geburtshelfer der Bundesrepublik im Westen mit der »provisorischen« Hauptstadt Bonn wurden im Frühjahr die Westalliierten. Im Herbst zog Moskau nach und ließ die Deutsche Demokratische Republik gründen, dessen Hauptstadt Ost-Berlin wurde. Das Ziel der Wiedervereinigung wurde auf beiden Seiten nicht aufgegeben, aber die Vorstellungen darüber blieben unvereinbar. Die Bundesrepublik weigerte sich außerdem, die DDR anzuerkennen, weil es keine freien Wahlen gab. International forcierte Bonn eine Politik, die DDR nicht anzuerkennen, während die mit Unterstützung Moskaus eben darauf beharrte. West-Berlin wurde entsprechend den alliierten Vereinbarungen kein Teil der Bundesrepublik, dagegen erklärte die DDR Ost-Berlin zu ihrer Hauptstadt.

Ab **Mai 1952** sicherte die DDR die innerdeutsche Grenze immer besser, seit 1957 war sie fast unüberwindbar. Besuchsreisen in beiden Richtungen blieben möglich, wurden aber immer seltener bewilligt. Wer aus persönlichen, wirtschaftlichen oder politischen Gründen in den Westen übersiedeln wollte, konnte das aber weiterhin per Sektorenübertritt von Ost- nach West-Berlin tun, entweder per U- und S-Bahn oder über einen der rund achtzig Straßenübergänge. Dabei durfte man sich nicht verdächtig machen, weil Republikflucht 1954 unter Strafe gestellt wurde. Aber ohne Koffer ließ sich eine Flucht über die Sektorengrenze bewerkstelligen.

Flucht nach Westen 1950–61

1950	197 788
1951	165 648
1952	182 393
1953	331 390
1954	184 198
1955	252 870
1956	279 189
1957	261 622
1958	204 092
1959	143 917
1960	199 188
1961	207 026

Die Frage, wie das Schlupfloch Berlin zu stopfen war, war für die DDR-Regierung seither Dauerthema. Bereits im **August 1951** informierte der Leiter der Staatlichen Planungskommission Parteichef Ulbricht darüber, dass die Abhängigkeit der DDR von West-Berlin, etwa bei der Energie- oder Wasserversorgung, recht schnell überwunden werden könne. Im Februar 1952 erhielt die Sowjetische Kontrollkommission, die die DDR-Regierung überwachte, einen 10-Punkte-Plan, um die Verbindungen West-Berlins ins Umland zu beschränken. Ein halbes Jahr später startete die DDR den Kampf gegen die Republikflucht. Sie sollte mit Propaganda, geheimdienstlicher Aufklärung und Gegenabwerbung im Westen eingedämmt werden. Im Mai 1952 wurden alle Telefonleitungen zwischen Ost- und West-Berlin gekappt, im Januar 1953 traf es den Straßenbahnverkehr sowie 200 der 277 Zufahrtswege nach West-Berlin. Ulbricht schlug außerdem bereits eine schärfere Teilung Berlins vor, was Moskau im **März 1953** ablehnte. Mitte der 50er Jahre entwarf die Volkspolizei »Plan Anton«, nach dem in drei Stufen der Verkehr zwischen Ost- und Westsektoren eingeschränkt werden sollte – Stufe 3 bedeutete die komplette Einstellung des Ost-West-Verkehrs. Im Dezember 1957 wurde die Strafe bei Republikflucht auf drei Jahre erhöht und schon Planung und Vorbereitung sowie Fluchthilfe kriminalisiert. Außerdem wurde Jahre vor dem Mauerbau zweimal gewissermaßen geprobt: Im Oktober 1957 wurde anlässlich der DDR-Währungsreform West-Berlin ganz abgeriegelt und im August/September 1960 zur Einführung neuer Reisekontrollen der innerstädtische Verkehr verschärft überwacht.

Nikita Chruschtschow am 10. November 1958 in einer Rede in Moskau: *... ist der Zeitpunkt für die Signatarmächte des Potsdamer Abkommens gekommen, auf die Reste des Besatzungsregimes in Berlin zu verzichten und dadurch die Möglichkeit für die Herstellung normaler Zustände in der Hauptstadt der DDR zu schaffen.*

Am 10. November 1958 forderte Stalins Nachfolger Chruschtschow in einer Rede in Moskau das Ende des Viermächtestatus für Berlin und den Abzug der Alliierten, um Berlin zur entmilitarisierten »Freien Stadt« zu machen. Die US-Regierung schloss am 21.11.1958 eine Anerkennung der DDR aus. Am 27. November 1958 stellte die Sowjetunion den Westmächten ein Ultimatum: Kam nicht innerhalb von sechs Monaten ein neues Übereinkommen der vier Siegermächte zu Berlin zustande, würde Moskau einseitig einen Friedensvertrag mit der DDR abschließen und ihr damit volle Souveränität einschließlich der Kontrolle über alle Zufahrtswege nach Berlin zusprechen. Die zweite Berlinkrise hatte begonnen. In den Hauptstädten des Westens begann das Rätselraten, ob dies bloß ein weiterer Nervenkrieg war, wie man ihn aus Moskau bereits kannte, oder ob diesmal mehr dahintersteckte. Wie weit würde Chruschtschow gehen? Es roch nach Krieg, Krieg um den Status Berlins. Nicht besser machte es die Tatsache, dass Frankreich, Großbritannien und die USA durchaus uneins waren, was nun zu tun sei. Waren Verhandlungen mit der Sowjetunion ratsam? Was konnte das Ziel sein? London war zum Einlenken gegenüber Moskau und zur, wenn auch inoffiziellen, Anerkennung der DDR so bereit wie kategorisch dagegen, wegen Berlin einen Krieg zu riskieren. Was die britische Regierung als Pragmatismus verstand, musste die westdeutsche Regierung in Bonn geradezu entsetzen. Bundeskanzler Adenauer war gegen jedes Zugeständnis an Moskau, weil das den Westen schwächte und den Sowjets in die Hände spielte.

US-Außenminister Herter am 27. August 1959: *Westdeutschland ist nicht bereit, für eine Berlin-Regelung Opfer zu bringen.*

Berlin war der Testfall für die Glaubwürdigkeit und Standfestigkeit westlicher Politik, wie Bundeskanzler Adenauer gegenüber dem britischen Premierminister Macmillan betonte. Heute wissen wir, dass Chruschtschow bluffte und keine militärischen Vorbereitungen für den Kriegsfall traf. Er war sich sicher, selbst die USA würden wegen Berlin keinen Krieg riskieren. Gleichwohl ließ er vorübergehend nördlich von Berlin Atomwaffen stationieren, die noch vor Ablauf des Ultimatums gefechtsbereit waren. Es war ein gefährliches Pokern beider Seiten. Die Westmächte verständigten sich schließlich darauf, gegenüber Moskau nicht nachzugeben, und kalkulierten ihrerseits, auch die Sowjets würden einen Krieg nicht riskieren.

US-Präsident Eisenhower am 19. 12. 1959: *Berlin ist das Symbol westlicher Entschlossenheit.*

In der Tat: Das Ultimatum verstrich, ohne dass Moskau eine der angekündigten Maßnahmen ergriff. Stattdessen setzte überraschend eine kurze Tauwetterperiode ein. Am **11. Mai 1959** begann in Genf eine Konferenz der Außenminister unter Beteiligung der beiden deutschen Staaten. Sie blieb zwar ergebnislos, aber Mitte September stattete Chruschtschow den USA einen Besuch ab, der atmosphärisch vielversprechend verlief. Doch die Phase der Entspannung dauerte nur noch bis Mitte 1960 an, als ein Gipfeltreffen der Staatschefs in Paris per Eklat scheiterte. Chruschtschow, der kein Ergebnis nach seinen Vorstellungen erwarten konnte, nahm den Abschuss eines US-Spionageflugzeugs über der Sowjetunion, bei dem der Pilot Francis Gary Powers gefangen genommen wurde, zum Vorwand, das Treffen gleich zu Anfang, am **16. Mai 1960**, geräuschvoll platzen zu lassen. Vorher schon, am 9. Mai, hatte er in Moskau erklärt, falls nach dem einseitigen Abschluss eines Friedensvertrags mit der DDR die Westmächte versuchen sollten, mit Waffengewalt nach Berlin vorzudringen, würde man darauf eben mit Gewalt antworten. Alles war wieder beim Alten. Die wiederholte Drohung mit dem Friedensvertrag schwebte wie ein Damoklesschwert über dem prekären Zustand der Ost-West-Beziehungen.

…großes Loch inmitten unserer Republik. **DDR-Parteichef Ulbricht über West-Berlin auf einer Sitzung des Warschauer Pakts, 29. März 1961**

Nach dem Pariser Paukenschlag fürchteten die Westmächte einen weiteren, denn Chruschtschow flog von Paris direkt nach Ost-Berlin: perfekte Gelegenheit für die immer wieder angekündigte einseitige Unterzeichnung eines Friedensvertrages mit der DDR. Doch Chruschtschow ließ wissen, er werde abwarten bis zum in Paris vereinbarten erneuten Gipfel 1961, der vielleicht eine allseits akzeptierte Lösung bringe. Deutlich war allerdings für alle Seiten, dass die Positionen noch immer weit auseinanderlagen und dass einseitige Maßnahmen Moskaus zum Krieg führen konnten.

Kriegsgefahr und das Gefühl, dem Kräftemessen der Supermächte ohnmächtig ausgeliefert zu sein, zerrten an den Nerven der Berliner. Man hatte den Eindruck, der internationalen Politik ausgeliefert zu sein, weil sich jede Nachricht unmittelbar auf das eigene Leben auswirken konnte. Während man sich im Ostteil mit Meinungsäußerungen eher zurückhielt, wurde die Nachrichtenlage an den Westberliner Currywurst-Ständen lebhaft diskutiert. Für West-Berlin gab es in den nächsten Monaten eine Vielzahl an Problemen, Nadelstichen und Demütigungen:

8. Juli 1960: Chruschtschow droht Friedensvertrag mit der DDR an, falls der Bundestag eine für September in Berlin geplante Sitzung abhalte

19. Juli 1960: Ulbricht droht auf einer Pressekonferenz in derselben Angelegenheit

August 1960: Die Bundestagssitzung in Berlin wird verschoben. Die Sowjetunion protestiert gegen Berlin als Standort für den Deutschlandfunk

4. September 1960: Zum Treffen der Heimatvertriebenen in West-Berlin verabschiedet die DDR neue Reisebestimmungen und verweigert mehr als 1000 Bundesbürgern die Transitreise durch die DDR

8. September 1960: Besuche von Bundesbürgern in Ost-Berlin müssen bei der DDR-Volkspolizei beantragt werden

13. September 1960: Die DDR akzeptiert für West-Berliner bundesdeutsche Reisepässe nicht mehr als gültige Reisedokumente

26. Oktober 1960: Der Bundestag entscheidet Rundfunkgründung ohne Standort, später wird es Köln

Als aber am 30. September die Bundesregierung das Interzonen-Abkommen zum deutsch-deutschen Handel zum Jahresende kündigte, hatte sie einen Nerv getroffen, denn überraschend lenkte die DDR ein und garantierte die freie Zufahrt nach West-Berlin.

Der Konflikt der Supermächte wies der deutschen Politik die Stühle in der zweiten Reihe zu, schließlich war Deutschland darin weniger Akteur als Schauplatz. Vor allem für die DDR, die wirtschaftlich und politisch zu kämpfen hatte, war eine Lösung der Berlin-Frage jedoch überlebenswichtig. Inzwischen waren nämlich die Flüchtlingszahlen aus der DDR enorm angeschwollen, wenn auch mit einem Knick 1959 wegen schärferer Verfolgung von Fluchtplanung und -absicht. Zu viele gaben die DDR verloren, lehnten den autoritären Staat und sein Wirtschaftssystem ab, schauten neidvoll auf den Aufschwung im Westen. Als die DDR seit Oktober 1960 den Berliner »Grenzgängern« das Leben immer schwerer machte, stieg die Zahl der Flüchtlinge weiter. Bis Anfang der 60er Jahre hatten fast drei Millionen Menschen den Osten Deutschlands verlassen – von 20 Millionen 1945 waren nur noch 17 Millionen übrig, als die DDR mit dem Mauerbau die Reißleine zog. Diese Zahlen waren denkbar schlechte PR für die DDR. Ebenfalls mit Sorge beobachteten das die Westalliierten, denn welche Auswirkungen mochte eine

25

weitere Destabilisierung der DDR auf den Westen haben?

Anfang **Januar 1961** trat John F. Kennedy sein Amt als US-Präsident an. Wie schon Eisenhower 1959 betonte nun auch er mehrmals die Verantwortung der USA – allerdings nicht mehr für ganz Berlin, sondern für West-Berlin – was jedoch einstweilen keine rechte Beachtung fand. Diese Sprachregelung findet sich auch im Schlusskommuniqué des Adenauer-Besuchs in Washington vom **17. Februar 1961**. Immer häufiger zog jetzt die US-Regierung intern die Möglichkeit in Betracht, die DDR könnte die Sektorengrenze abriegeln, um die Flüchtlingswelle zu stoppen.

Nikita Chruschtschow am 9. März 1961: *West-Berlin ist ein Knochen im Hals der sowjetisch-amerikanischen Beziehungen.*

Als am **3./4. Juni 1961** Kennedy und Chruschtschow in Wien zusammenkamen, hoffte der sowjetische Parteichef, den jungen und politisch bereits angeschlagenen US-Präsidenten in der Berlin-Frage zum Einlenken zu zwingen und den, wie er sagte, größten Gefahrenherd der Welt zu beseitigen. Ein »Krebsgeschwür« sei Berlin, und Moskau entschlossen, zu dessen Beseitigung den angedrohten Friedensvertrag mit der DDR im Dezember einseitig abzuschließen. Aber Kennedy zeigte unerwartete Härte und bestand auf dem freien Zugang der Westmächte nach Berlin, den Chruschtschow ihm absprach. Für den Fall, dass die Westmächte dann den Weg nach Berlin freikämpfen wollten, kündigte Moskau Gegengewalt an. Die Gefahr eines Krieges schien größer denn je, als Kennedy abschließend sagte, es würde dann wohl ein kalter Winter werden.

Am **28. Juni 1961** bezeichnete der ehemalige US-Außenminister Acheson in seinem Berlin-Report den Konflikt als die entscheidende Machtprobe zwischen den Supermächten USA und UdSSR. Das Problem sei die mangelnde Glaubwürdigkeit der US-Politik bei nuklearer Abschreckung. Man müsse Moskau klarmachen, dass die USA entschlossen seien, ihre Atomwaffen einzusetzen, dann würde Chruschtschow schon zurückrudern.

Der bundesdeutsche Verteidigungsminister Franz-Josef Strauß bei Gesprächen mit der US-Regierung in Washington, 14. Juli 1961: *Wir müssen bereit sein zu pokern. Wenn wir das Risiko nicht auf uns nehmen und nicht pokern wollen, dann haben wir das Spiel schon im Voraus verloren.*

Während der Westen einen Atomkrieg also nicht wollte, aber ernsthaft in Betracht zog, wandte sich Kennedy am **25. Juli 1961** in einer weltweit ausgestrahlten Fernsehrede an die Öffentlichkeit, Auftakt zu einer groß angelegten PR-Kampagne in Sachen

Berlin-Politik. Er formulierte die drei Berlin-Essentials, die sich abermals nur auf West-Berlin bezogen:

Kennedys Three Essentials

1. Präsenz der Westmächte in West-Berlin
2. Freier Zugang nach West-Berlin
3. Freiheit für West-Berlin

John F. Kennedy am 25. Juli 1961: *Wir haben unser Wort gegeben, dass wir jeden Angriff auf diese Stadt als einen gegen uns alle gerichteten Angriff ansehen werden.*

Kennedy gab zu verstehen, dass der Westen zwar gesprächsbereit war, aber West-Berlin nicht aufgeben würde. Umgekehrt hieß es, dass Sowjets und DDR in Ost-Berlin freie Hand hatten.

John F. Kennedy am 31. Juli 1961: *Er [Chruschtschow] muss etwas tun, um den Flüchtlingsstrom zu stoppen – vielleicht eine Mauer bauen. Und wir werden das nicht verhindern können. Ich kann das Bündnis zusammenhalten, um West-Berlin zu verteidigen, aber nicht, um den Zugang nach Ost-Berlin offenzuhalten.*

Chruschtschow bezeichnete Kennedys Rede als Kriegserklärung und antwortete mit Gegendrohungen. Schließlich vermittelten ihm Spionageberichte sowie Kennedys Geheimdiplomatie, die er auf diskreten Kanälen durch seinen Bruder Robert betrieb, dass Washington keineswegs blufffte. Diese Art des diplomatischen Kontakts sollte während der Kubakrise 1962 noch größte Bedeutung erlangen.

Ulbrichts »freudestrahlende« Reaktion laut Chruschtschow-Memoiren auf den Vorschlag des Mauerbaus: *Dies ist die Lösung! Das hilft uns. Ich bin dafür.*

DDR-Staatschef Ulbricht hatte in Moskau mit seinen Bitten, die Sektorengrenze abriegeln zu dürfen, so lange kein Gehör gefunden, wie Chruschtschow noch auf die große Lösung durch einen Abzug der Westalliierten aus West-Berlin hoffte. Ulbricht sah sich ein ums andere Mal vertröstet. Trotzdem plante die DDR-Regierung seit längerem eine Schließung der Sektorengrenze. Ende März scheint Ulbricht schließlich Chruschtschow überzeugt zu haben, aber grünes Licht zur Umsetzung der Grenzschließung bekam er weiterhin nicht. Gleichwohl ließ er am **3. Mai 1961** militärische Planungen für den Mauerbau anlaufen und am 19. Mai 1961, noch vor Chruschtschows Treffen mit Kennedy in Wien, den sowjetischen Botschafter in Ost-Berlin wissen, eine Grenzschließung stehe bevor, was aber die Zustimmung Moskaus voraussetzte. In einer Sitzung in Moskau Ende Mai 1961 sprach Chruschtschow davon, »den Knoten West-Berlin« endlich zu durchschlagen und den Friedensvertrag mit der DDR abzuschließen. Er erwog sogar, bei einer Blockade Flugzeuge der Westalliierten auf dem Weg nach West-Berlin abzuschießen. Bald darauf nahm Ulbricht auf einer Pressekonferenz in Ost-Berlin am **15. Juni** erstmals öffentlich das Wort Mauer in den Mund. Dabei war er gar nicht explizit nach einer Mauer gefragt worden, sondern nach einer Schließung der Sektorengrenze.

Ulbricht auf einer Pressekonferenz in Ost-Berlin, 15. Juni 1961, auf die Frage nach einer Schließung der Sektorengrenze: *Ich verstehe Ihre Frage so, dass es in Westdeutschland Menschen gibt, die wünschen, dass wir die Bauarbeiter der Hauptstadt der DDR dazu mobilisieren, eine Mauer aufzurichten. Mir ist nicht bekannt, dass eine solche Absicht besteht. Die Bauarbeiter unserer Hauptstadt beschäftigen sich hauptsächlich mit dem Wohnungsbau, und ihre Arbeitskraft wird dafür voll eingesetzt. Niemand hat die Absicht, eine Mauer zu errichten.*

Einstweilen plante Ulbricht sogar, die Kontrolle über den Luftverkehr von und nach Berlin zu übernehmen, was Moskau später ablehnte. Denn im Juli ließ Chruschtschow von seiner harten Haltung ab, als der KGB Dokumente vorlegte, was die Westalliierten im Falle einer Blockade planten: bewaffneten Begleitschutz und die Zerstörung von Abwehrstellungen auf dem Boden der DDR. Das Risiko einer militärischen Eskalation bis zum Atomkrieg erschien ihm zu groß, wenn nach Abschluss eines Friedensvertrags DDR und Sowjetunion die Zufahrtswege nach West-Berlin schließen würden. Ende Juni wies er die Sowjetarmee in der DDR an zu prüfen, ob man die Grenze um West-Berlin komplett schließen könne. Am 22. Juli 1961 vermerkt ein Papier des US-Außenministeriums, dass eine Abriegelung der Berliner Sektorengrenze zu erwarten sei. Wann genau Chruschtschow den Entschluss fällte, ob Anfang oder eher Ende Juli, ist unter Historikern umstritten, weil laufende Vorbereitungen immer auch dem Fall dienen konnten, den angedrohten Abschluss des Friedensvertrages umzusetzen. Bis heute sind nicht alle Akten in Moskau zugänglich. Am 7. August 1961 sagte Chruschtschow in einer Fernsehansprache, eine Blockade West-Berlins werde es nicht geben.

Flucht aus der DDR 1961

Januar	16 697
Februar	13 576
März	16 094
April	19 803
Mai	17 791
Juni	19 198
Juli	30 415

August	47 433
September	14 821
Oktober	5 366
November	3 412
Dezember	2 420

Unter dem Eindruck von Kriegsgefahr und stark wachsenden Flüchtlingszahlen trafen sich wenige Stunden vor der oben zitierten Rede Kennedys am 25. Juli in Ost-Berlin Stabschefs der DDR und der Sowjets, um militärische Details der Abriegelung West-Berlins abzusprechen. Alle Planungen und Maßnahmen liefen bis kurz vor dem Mauerbau unter größter Geheimhaltung. Bis zum 27. Juli wurde eine detaillierte Karte der Sperrmaßnahmen erarbeitet. Am 31. Juli befahl DDR-Innenminister Maron der Grenzpolizei, den Ausbau der Grenzanlagen zwischen DDR und West-Berlin vorzubereiten. Am 1. August wurde an der deutsch-deutschen Grenze Material zum Transport nach Berlin vorbereitet, darunter über 18 000 Betonsäulen und 150 Tonnen Stacheldraht. Den Transport besorgten 400 Lkw vom 7. bis 14. August 1961.

US-Außenminister Dean Rusk zu seinem britischen Amtskollegen Lord Home, 5. August 1961: *Die Westdeutschen werden viele Dinge schlucken müssen, die sie bis jetzt für unmöglich gehalten haben.*

Ebenfalls am 1. August besprachen Chruschtschow und Ulbricht Details der Grenzschließung. Den Befehl, die Mauer am 13. August zu errichten, erteilte Chruschtschow am **3. August** in Moskau, in einer Besprechung mit Ulbricht. Auf der Tagung des Warschauer Pakts in Moskau vom 3. bis 5. August wurden die Bündnispartner in Kenntnis gesetzt. Gleichzeitig begannen die Sowjets Truppenverlegungen nach Berlin. Ebenso wurde entlang der Transitstrecke Helmstedt–Berlin und in der DDR militärisch vorgesorgt, denn weder war klar, ob die Westmächte auf den Mauerbau mit dem gewaltsamen Durchbruch nach West-Berlin reagieren würden, noch, was von der DDR-Bevölkerung zu erwarten war. Ab **4. August** mussten sich alle Grenzgänger registrieren lassen. Am 9. August besorgte eine operative Gruppe im Verteidigungsministerium konspirativ alle nötigen Einsatzpläne für die Nacht der Grenzschließung. Am 10. August erfolgte die letzte Abstimmung zwischen DDR-Militär und den sowjetischen Streitkräften in der DDR.

Chruschtschow im Gespräch mit dem bundesdeutschen Botschafter in Moskau, Kroll, 9. November 1961: *Natürlich, ohne uns hätte die DDR die Grenze nicht geschlossen. Warum sollten wir uns hier hinter dem Rücken von Genosse Ulbricht verstecken? Sein Rücken ist in diesem Fall sowieso nicht so breit.*

Fünf Orte des
Kalten Krieges in Berlin

Alliierter Kontrollrat/Alliierte Kommandantur

Berlin bekam mit Ende des Zweiten Weltkriegs 1945 gleich zwei höchste alliierte Kontrollorgane der vier Siegermächte: Kontrollrat und Kommandantur. Im Alliierten Kontrollrat wollten die Siegermächte die oberste Gewalt über Deutschland gemeinsam ausüben, wo es das Land und Berlin als Ganzes betraf. Mindestens alle zehn Tage sollte er zusammenkommen, um bei wechselndem Vorsitz einstimmige Entscheidungen zu treffen. Die erste Sitzung fand am 30. Juli 1945 noch im Berliner Hauptquartier der USA statt, dann wurde das ehemalige Gebäude des Preußischen Kammergerichts am Schöneberger Kleistpark als Sitz bestimmt. Es wurde 1909–13 erbaut und wirkt, von den Königskolonnaden an der Potsdamer Straße aus gesehen, durchaus eindrucksvoll. Für die Nutzung sprach außerdem, dass es den Krieg recht gut überstanden hatte.

Das Kammergericht war zuvor Schauplatz des Naziterrors gewesen. Noch im Januar 1945 hatte hier der Volksgerichtshof getagt, berüchtigt für seinen fanatischen Richter Roland Freisler. Er leitete unter anderem die Schauprozesse gegen die Verschwörer vom 20. Juli 1944, die versucht hatten, Hitler umzubringen, und mittels einer neue Regierung den Krieg beenden wollten. Im Herbst 1945 konstituierte sich hier der Interalliierte Militärgerichtshof, der dann in Nürnberg die Kriegsverbrecherprozesse abhielt. 1954 hielten die vier Siegermächte im Gerichtsgebäude eine Außenministerkonferenz ab, um über einen Friedensvertrag für Deutschland und eine Wiedervereinigung zu beraten – vergeblich. Erfolgreicher waren die Verhandlungen 1970/71, die zum Abschluss des Viermächte-Abkommens führten. Es machte das Leben im geteilten Berlin erheblich erträglicher, weil die Teilung der Stadt einen geregelten Rahmen erhielt. Heute ist wieder das Berliner Kammergericht Hausherr, außerdem der Berliner Verfassungsgerichtshof und die Staatsanwaltschaft.

Die Zusammenarbeit im Kontrollrat gestaltete sich überaus schwierig, weil schon bald die grundverschiedenen Auffassungen von der Besatzungspolitik offenbar wurden und der Kalte Krieg insgesamt ein einvernehmliches Auskommen erschwerte. Zudem war jede Besatzungsmacht für die eigene Zone Deutschlands und den eigenen Sektor in Berlin allein zuständig. Es herrschte Uneinigkeit darüber, was überhaupt unter die Kompetenz der gemeinsamen Organe fiel. Am 20. März 1948 verließ der sowjetische Oberbefehlshaber die Sitzung des Kontrollrats und erklärte das Gremium für faktisch aufgelöst. Formell gesehen vertagte man sich, legte aber kein neues Datum fest. Fortan waren nur noch einzelne Abteilungen arbeitsfähig, darunter die Luftsicherheitszentrale, die den Luftverkehr von und nach Berlin regelte.

Dem Kontrollrat untergeordnet war die Alliierte Kommandantur in Dahlem, in dem die vier Siegermächte die oberste Gewalt über Berlin ausüben wollten. Das Gebäude in der Kaiserswerther Straße wurde in den 20er Jahren als Verbandshaus der öffentlichen Feuerversicherungsanstalten erbaut und ist heute Sitz des Präsidialamts der Freien Universität Berlin. Bis zum Abzug der Amerikaner 1994 mischten sich in Dahlem Offiziere und Studenten, Soldaten und Professoren, denn die US-Streitkräfte hatten sich den Villenvorort für ihr Hauptquartier ausgesucht. Im einstigen Armeekino an der Clayallee erinnert das Alliiertenmuseum an diese Zeit, wie überhaupt viel amerikanische Architektur der Gegend.

Auch die Kommandantur büßte im Kalten Krieg ihre interalliierte Funktion teilweise ein. Nach 93 Sitzungen verließ der sowjetische Repräsentant am 16. Juni 1948 das Gremium, zwei Wochen später erklärten die Sowjets den Kontrollrat für aufgelöst und die Viermächteverwaltung Berlins für beendet. Die Westalliierten aber setzten ihre Arbeit fort, wenn auch nur für West-Berlin. Einen Tag bevor mit der Wiedervereinigung der alliierte Status Berlins endete, kamen die Vertreter der Westmächte am 2. Oktober 1990 ein letztes Mal zusammen und erklärten ihre Arbeit für beendet.

Rathaus Schöneberg

Mit der politischen Teilung der Stadt 1948 wurde das Bezirksrathaus von Schöneberg zum Sitz des Senats, des Abgeordnetenhauses und des Regierenden Bürgermeisters von West-Berlin. Der Bezirk blieb aber Hausherr, auch nachdem die Westberliner Regierung als Untermieter einzog. Erbaut wurde es 1911 – 14 als Rathaus der Stadt Schöneberg, weil das alte der rasant wachsenden Stadt zu klein geworden war. Es ist eins der zahlreichen Rathäuser, die sich die Städte um Berlin vor dem Ersten Weltkrieg bauten, bevor sie 1920 eingemeindet wurden. Damals wurde aus acht Städten und Dutzenden Dörfern, Landgemeinden und Gutsbezirken die Stadt Groß-Berlin gebildet. Mit seinem 70 Meter hohen Turm und der weithin sichtbaren Berlinflagge ist das Schöneberger bis heute das bekannteste Bezirksrathaus.

1950 erhielt das Rathaus aus Spenden US-amerikanischer Bürger die Freiheitsglocke, eine Nachbildung der Liberty Bell in Philadelphia. Sie wiegt über 10 000 Kilo und erklingt täglich um 12 Uhr sowie Heiligabend und Silvester, außerdem zu besonderen Anlässen. Zuletzt war das am 3. Oktober 1990 zur deutschen Wiedervereinigung der Fall. Sie trägt die Inschrift »That this world under God shall have a new birth of freedom«, ein Zitat aus Lincolns Gettysburg Address von 1863. Mitten im Amerikanischen Bürgerkrieg gehalten, ist sie eine der großen Reden der Weltgeschichte zu Freiheit und Demokratie.

Vom Balkon des Rathauses hielt der US-Präsident John F. Kennedy am 26. Juni 1963 bei seinem Berlin-Besuch die Rede, in der er den wohl berühmtesten Berlin-Satz sprach: »Ick bin ein Bearleener!« Hunderttausende waren gekommen, um die Rede Kennedys zu hören, der außerdem sagte: »Ein Leben in Freiheit ist nicht leicht, und die Demokratie ist nicht vollkommen. Aber wir hatten es nie nötig, eine Mauer aufzubauen, um unsere Leute bei uns zu halten und sie daran zu hindern, woanders hinzugehen.« Nicht nur mit seiner Message war der Präsident damals der beste Botschafter des Westens; Glamour-Faktor und jugendliche Ausstrahlung spielten ebenso eine Rolle. Dagegen wirkte der Ostblock muffig und angestaubt – und irgendwie schwarzweiß statt bunt.

Kennedy war 1963 nicht einmal acht Stunden in Berlin, aber jeder Westberliner versuchte, ihn zu sehen. Hunderttausende standen auf dem Platz vorm Schöneberger Rathaus, der kurz nach Kennedys Ermordung fünf Monate später in John-F.-Kennedy-Platz umbenannt wurde. Heute ist das Gebäude, das einmal Schauplatz der Weltgeschichte war, wieder ein Bezirksrathaus unter vielen. Dabei ist es eigentlich ein Triumph, dass die Landesregierung der wiedervereinigten Stadt Berlin ihren Sitz wieder im Roten Rathaus im ehemaligen Ost-Bezirk Mitte nehmen konnte.

Flughafen Tempelhof

Für die Stadt war es eine Zäsur, als 2008 auf dem damals ältesten noch in Betrieb befindlichen Flughafen der Welt das kreisende Licht des Radarturms für immer erlosch. Da war noch nicht klar, dass das Flugfeld eine neue Karriere als Berlins besonderster Ort vor sich hatte. Eigentlich sollte ein Ausflug dorthin für jeden Berlinbesucher Pflicht sein, denn welche Stadt hat schon einen stillgelegten Flughafen, zentral gelegen und mit einem Areal, das sich zu einer populären Freizeitpiste mauserte? Nach einem Volksentscheid darf das Riesenareal nämlich weder bebaut noch verändert werden, sehr zum Missfallen vieler Lokalpolitiker und vermutlich der meisten Immobilienspekulanten. Aber wer dort ein paar Stunden verbringt, versteht Berlin besser – und warum die Entscheidung goldrichtig war.

Bis in die 20er Jahre war dort das größte Exerziergelände Europas, bevor 1926 dort die Lufthansa gegründet wurde. In den Dreißigern bauten die Nazis aus – ganz entsprechend den gigantomanischen Plänen Hitlers für Berlin als künftige »Welthauptstadt Germania«. Das Flughafengebäude wurde zwar das größte der Stadt, aber nie fertig. Nach dem Krieg übernahmen die US-Amerikaner, und noch heute fühlt man sich darin in die USA der 50er Jahren versetzt, wegen noch bestehender Einrichtungen wie einem Indoor-Baseballcourt oder einer sehr amerikanischen Kantine.

Als die Sowjets im Frühsommer 1948 die Blockade über West-Berlin verhängten, flogen die »Rosinenbomber« vor allem den Flughafen Tempelhof an. Zwei Millionen Menschen wurden so aus der Luft versorgt. Das war keine leichte Sache, weil riesige Frachtmaschinen, die heute zum Einsatz kommen würden, noch gar nicht gebaut wurden. USA und Großbritannien holten aus aller Welt Militärmaschinen zusammen und flogen Lebensmittel und Kohle aus den Westzonen ein. Die Luftbrücke wurde zum grandiosen Statement des Westens, Berlin zu halten und die Berliner nicht im Stich zu lassen. Fast ein Jahr flogen die »Rosinenbomber«, in Spitzenzeiten landeten sie im 90-Sekunden-Takt. Noch kann man Berlinern begegnen, die damals Kinder waren und erzählen, auf welchen Hügeln aus Kriegstrümmern man sich am besten postierte, um die begehrten Candies zu ergattern, die viele Piloten auf eigene Rechnung kauften und für die Berliner Kinder vor der Landung abwarfen. Wenn Augenzeugen davon berichten, bekommen sie zuverlässig feuchte Augen. Der zugleich spöttische und respektvolle Begriff »Rosinenbomber« war typisch Berlin, denn in den Säcken, die dann an die Bevölkerung verteilt wurden, waren alle möglichen Grundnahrungsmittel, meist als Mehl oder Pulver, aber kein Kuchen. Üppig konnte es nicht zugehen, aber die Dankbarkeit der Berliner war grenzenlos. Bis heute erinnert die Stadt an diese dramatische Zeit, die damit endete, dass die Sowjets klein beigaben. Als Ausrede für die Blockade führten sie »technische Gründe« an, die im Mai 1949 plötzlich nicht mehr bestanden. Damit war die erste Berlinkrise vorbei. Vor dem Hauptgebäude steht am Platz der Luftbrücke die »Hungerharke«, wie die Berliner das Denkmal nennen, das an die Zeit erinnert, in der das ständige Brummen der Flugzeuge die strapazierten Nerven der Berliner nachhaltig beruhigte.

Checkpoint Charlie

Er ist zweifellos der berühmteste Schauplatz des Kalten Krieges. Jeder Berlinbesucher will die Kreuzung Friedrich- und Zimmerstraße mal gesehen haben, an der sich Sowjets und Amerikaner Auge in Auge gegenüberstanden. Der Nachbau des ersten US-Kontrollhäuschens mit den Sandsäcken davor atmet ein bisschen Zeitkolorit, und doch sind viele enttäuscht, dass dieser Ort wieder eine ganz normale Straßenkreuzung ist, an der sich entnervte Autofahrer den Weg freihupen, den Touristen versperren.

Sicher haben über die Jahre immer mal wieder Soldaten namens Charlie hier Dienst geschoben, aber keiner von ihnen stand Pate. Dieser Grenzübergang war einfach nur der dritte Checkpoint der Amerikaner in Deutschland, und man zählte nach NATO-Alphabet: Checkpoint Alpha lag an der deutsch-deutschen Grenze bei Herlesshausen/Wartha, wo eine Transitstrecke begann, Checkpoint Bravo markierte das Ende dieser Strecke an der Grenze zwischen DDR und West-Berlin – und Checkpoint Charlie war der Berliner Kontrollpunkt zwischen sowjetischem und US-Sektor.

An diesem Ort kristallisierte sich der Kalte Krieg, weshalb Stadtführer also ganz zu Recht beschwören, dass hier mit einiger Wahrscheinlichkeit ein Dritter Weltkrieg seinen Anfang genommen hätte. Einige Male schien nicht mehr viel zu fehlen, vor allem zwischen Chruschtschow-Ultimatum und Kubakrise. Wenn hier die Panzer aufrollten, waren die Berliner stets mit einem Ohr am Radio, denn was sich zwischen Moskau und Washington abspielte, mochte am Checkpoint Charlie seinen ersten Niederschlag finden.

Um aber heute den Ort wirklich nachzuvollziehen, muss man ein bisschen Vorstellungskraft aufbringen. Auf der Ostseite erstreckten sich die Grenzanlagen am Ende über mehrere Blocks und wurden akribisch überwacht. Autos mussten Slalom fahren, um

Durchbrüche zu verhindern. Automatische Sperren schnappten zu wie Fallen, wenn es trotzdem jemand versuchte. Auf der Westseite nahm sich der Checkpoint eher bescheiden aus – Fluchtverhinderung war ja kein Thema. Zwar wurde in späteren Jahren ein größeres Abfertigungshäuschen errichtet, in dem auch Briten und Franzosen Platz hatten, aber viel mehr änderte sich nicht. Ende der 80er Jahre aber wurde in die Häuserreihe ein Abfertigungsgebäude eingepasst, weil es im Besuchsverkehr nach Ost-Berlin nun häufiger zu Rückstaus kam, die den Stadtverkehr behinderten. Als das Gebäude fast fertig war, fiel die Mauer, und man baute um. Heute werden im Erdgeschoss Burger von der Stange verkauft.

Ein letztes Mal gab es großen internationalen Medienrummel, als am 22. Juni 1990 in Anwesenheit der Außenminister der beiden deutschen Staaten und der vier Siegermächte das alliierte Kontrollhäuschen abtransportiert wurde. Der Abbau der DDR-Grenzanlagen begann danach und dauerte länger – der Wachturm blieb noch bis 2000. Das 1990 verabschiedete Häuschen steht heute im Hof des Alliiertenmuseums in Zehlendorf, während am einstigen Grenzübergang ein Nachbau des ersten Kontrollhäuschens Touristen bezaubert. Davor stehen Sandsäcke und vermeintliche US-Soldaten, die sich gegen Geld bereitwillig ablichten lassen.

Glienicker Brücke

Als vor einigen Jahren Steven Spielberg seinen Film »Bridge of Spies« drehte, wurde für zwei Wochenenden die Glienicker Brücke zwischen Berlin und Potsdam gesperrt, und sogar Kanzlerin Merkel kam vorbei. Plötzlich ging es an der Havel nicht mehr weiter, ganz wie zur Zeit der Teilung, denn hier verläuft die Außengrenze West-Berlins. Potsdam auf der anderen Havelseite gehörte zur DDR. Noch heute kann man auf der Berliner Seite sehen, dass unmittelbar vor der Brücke ein Wendehammer dem Linienbus das Umkehren nach Wannsee ermöglichte. Nicht einmal einen regulären Grenzübergang gab es hier, nur Diplomaten und Mitarbeiter der alliierten Militärmissionen durften passieren. Letztere waren oft als Spione der Westalliierten tätig, weshalb der Osten deren Bewegungsspielraum immer wieder einzuschränken versuchte. In einigen Fällen kamen diese »Spione in Uniform« bei ihren Ermittlungen sogar zu Tode.

Berühmt wurde die Brücke, als 1962 der US-Amerikaner Francis Gary Powers im Morgengrauen von Ost nach West passierte – der Stoff, den Steven Spielberg mehr als fünfzig Jahre danach verfilmte. Fast zwei Jahre zuvor war Powers in einem U2-Aufklärungsflugzeug über dem russischen Swerdlowsk abgeschossen worden, was die Ost-West-Krise merklich verschärft hatte. Die Supermächte belauerten einander, und vor den ersten Aufklärungssatelliten sammelten Piloten in gefährlicher Mission Informationen über den Gegner. Kurz nach Powers lief der hochrangige Sowjetspion Rudolf Abel, den 1957 ein Überläufer verraten hatte, in der Gegenrichtung über die Brücke. Er hatte für die Sowjets das amerikanische Atomprogramm ausgespäht. In der DDR-Terminologie waren Spione übrigens »Kundschafter des Friedens«, aber natürlich nur die des Ostblocks. Die Brücke wurde ausgewählt, weil der Austausch diskret vonstattengehen sollte, schließlich lag die Betriebstemperatur des Kalten Krieges noch tief in den Minusgraden.

Danach kam die berühmte Spionagebrücke nur noch zweimal zum Einsatz: am 12. Juni 1985 sogar für insgesamt 27 Spione, und am 11. Februar 1986, als acht Spione beider Seiten sowie ein russischer Bürgerrechtler ausgetauscht wurden. Nunmehr erschien die Brücke als geeigneter Ort, weil sie mittlerweile berühmt war, denn im damaligen Entspannungsklima war Medienpräsenz gewollt.

Aber auch ohne Agentenaustausch ließ der Kalte Krieg einen an der Brücke spürbar frösteln: der Brückenzugang verbarrikadiert, auf dem Wasser darunter graue Patrouillenboote der DDR-Grenztruppen, große Warnschilder in der eigentlich idyllischen Szenerie. Von West-Berlin aus schien Potsdam jahrzehntelang unerreichbar, bis am Tag nach dem Mauerfall die Brücke wieder freigegeben wurde. Ostberliner konnten zwar nach Potsdam fahren, aber weil die direkte Verbindung tabu war, musste man West-Berlin umfahren. Immerhin galt für die Nahverkehrsverbindung, die Ost-Berlin mit Potsdam und anderen Orten rings um West-Berlin verband, der S-Bahn-Tarif. Im Volksmund hieß der Zug in Anlehnung an den ersten sowjetischen Satelliten Sputnik und brauchte durch die Umfahrung West-Berlins viel Zeit. Dabei war die direkte Verbindung zwischen den Residenzen Berlin und Potsdam Ende des 18. Jahrhunderts mal als Preußens erste Chaussee zur Schnellverbindung ausgebaut worden. Die heutige Brücke stammt allerdings aus dem frühen 20. Jahrhundert. Die Sowjets sprengten sie 1945 und bauten sie 1948/49 wieder auf; saniert wurde sie noch vor dem Mauerfall mit Westgeldern. Auf der Potsdamer Seite lohnt der Besuch des Museums in der Villa Schöningen, das auch an die Zeit des Kalten Krieges erinnert.

Aktion Rose.
Der Mauerbau am 13. August 1961

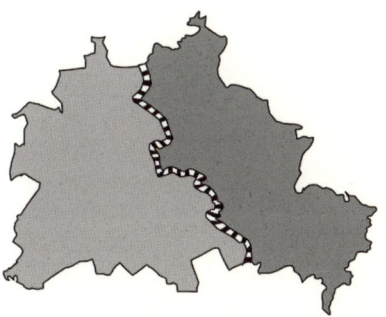

Es wurde Ulbricht erlaubt, der Hauptmacht
des Westens einen bösen Tritt vors Schienbein
zu versetzen – und die Vereinigten Staaten
verzogen nur verstimmt das Gesicht.

Willy Brandt, Begegnungen und Einsichten, 1976

Die heiße Phase des Mauerbaus begann am **11. August 1961**, als der Ministerrat der DDR den noch allgemein gehaltenen Auftrag erhielt, »Schutzmaßnahmen« einzuleiten. Geheimdienstchef Mielke kündigte vor hochrangigen Stasi-Offizieren die streng geheime »Aktion Rose« an, ohne aber schon von einem Mauerbau zu sprechen. Am **12. August 1961**, einem Samstag, lagen um **6 Uhr** alle Befehle und Unterlagen vor. Im Verlauf des Tages entsprach der Ministerrat den Vorgaben der Partei und beschloss die Grenzschließung. Um **16 Uhr** unterzeichnete Parteichef Ulbricht die Befehle zum Mauerbau und löste »Aktion Rose« aus. Um **20 Uhr** verstärkte die Grenzpolizei ihre Präsenz am Außenring um Berlin. Eine Stunde später wies DDR-Verteidigungsminister Hoffmann die Kommandeure der NVA an, mit ihren Männern die Maßnahmen abzusichern. Die Armee wurde in erhöhte Gefechtsbereitschaft versetzt. An diesem Abend hatte Ulbricht die gesamte Staatsführung in sein Landhaus am Großdöllner See in der Schorfheide geladen, wo er gegen 22 Uhr die überraschten Gäste von der bevorstehenden Maßnahme unterrichtete. Danach ging es Schlag auf Schlag.

Selbst der Oberbürgermeister Ost-Berlins Friedrich Ebert erfuhr erst am Vorabend des Mauerbaus von der Maßnahme, die seine Stadt doch durchaus betraf. Die Ablaufplanung der Abriegelung besorgte Erich Honecker, damals Sekretär des Nationalen

Verteidigungsrates der DDR, später selbst Staats-
und Parteichef der DDR. Rund um Berlin waren
sowjetische und DDR-Armeeverbände in Gefechtsbereitschaft, sie sollten aber nur die Transitstrecken
und das Berliner Hinterland absichern und im Fall
von Unruhen eingreifen – oder falls der Westen militärisch antworten würde. Die eigentliche Arbeit
von Grenzabriegelung und Mauerbau durch Volks-
und Grenzpolizei sowie die ideologisch geschulten
und verlässlichen Paramilitärs »Kampfgruppen der
Arbeiterklasse« koordinierte Honecker im Ostberliner Polizeikommissariat nicht weit vom Alexanderplatz.

Einsatzkräfte zum Mauerbau

Grenzpolizei	5000 Mann
Volkspolizei	5000 Mann
Kampfgruppen	4500 Mann
NVA-Soldaten	7300 Mann

Immer wieder fuhr Honecker in dieser Nacht zur
Sektorengrenze, um die Abläufe zu kontrollieren.
Unter seiner Regie lief die »Aktion Rose«, an der
über 20 000 Menschen beteiligt waren, wie ein Uhr-
werk ab. Als die Berliner an diesem strahlend schönen Hochsommertag ahnungslos aufwachten, war
die Stadt geteilt. Der Sonntag im August hatte zwei

Vorteile: Die westlichen Regierungschefs befanden sich im Urlaub, und der arbeitsfreie Tag bot Zeit, den Ostberliner öffentlichen Nahverkehr für den nächsten Arbeitstag anzupassen.

Erich Honecker über den Mauerbau, 1990: *Es kam selbstverständlich zu menschlichen Tragödien, aber in der Hauptsache ging es darum, den Frieden zu retten, denn Instabilität in Deutschland bedeutete damals wie heute Gefahr für den Frieden. Soweit wir später gehört haben, waren sogar Adenauer als auch der amerikanische Präsident sowie führende Persönlichkeiten der anderen europäischen Länder erleichtert, dass wir in der Nacht zum 13. August 1961 diese Frage so gelöst haben, um damit einen Beitrag zur Friedenssicherung zu leisten.*

Chronologie Mauerbau 13. August 1961

0 Uhr: Alarm für zwei motorisierte Schützendivisionen der NVA

1 Uhr: Operationszeit. Die Abriegelung der Westsektoren beginnt

1.05 Uhr: Am Brandenburger Tor erlöschen die Lichter

1.11 Uhr: Der DDR-Rundfunk meldet die Grenzschließung

DDR-Rundfunk-Meldung 13. August 1961, 1.11 Uhr: *Die Regierungen der Warschauer Vertragsstaaten wenden sich an die Volkskammer und an die Regierung der DDR mit dem Vorschlag, an der Westberliner Grenze eine solche Ordnung einzuführen, durch die der Wühltätigkeit gegen die Länder des sozialistischen Lagers zuverlässig der Weg verlegt und rings um das ganze Gebiet West-Berlins eine verlässliche Bewachung gewährleistet wird.*

1.30 Uhr: Der öffentliche Nahverkehr in Ost-Berlin wird eingestellt

1.54 Uhr: Polizeirevier Spandau teilt mit, dass ein S-Bahn-Zug aus Staaken nach West-Berlin auf DDR-Gebiet zurückgeleitet wurde

1.55 Uhr: Meldung über eingestellten Ost-West-Verkehr der S-Bahn am Bahnhof Gesundbrunnen. Schönholz, Wannsee, Stahnsdorf folgen

ab 2 Uhr: Volksarmee, Volkspolizei und Betriebskampfgruppen riegeln die Demarkationslinie zwischen dem sowjetischen und den Westsektoren ab. Stacheldraht wird gespannt, spanische Reiter werden errichtet, Gräben ausgehoben. 193 Straßenverbindungen werden geschlossen, davon 62 zwischen Ost- und West-Berlin

ab 2.20 Uhr: Lagezentrum West-Berlin meldet 15 Militärlastwagen mit Volkspolizisten (Vopos) an der Oberbaumbrücke, Panzerspähwagen an der Sonnenallee, Hunderte Vopos und Grenzsoldaten mit Maschinenpistolen am Brandenburger Tor

2.30 Uhr: Allan Lightner, oberster Vertreter der US-Regierung in Berlin, wird telefonisch informiert, legt sich wieder schlafen. Die Westberliner Polizei wird in Alarmbereitschaft versetzt

3 Uhr: Beginn der Grenzsicherung mit schwerem Gerät, U-Bahnhöfe werden geschlossen. 13 Grenzübergänge bleiben geöffnet

3.30 Uhr: Erste West-Radiosender melden die Grenzschließung. Der Berliner CIA-Mitarbeiter John Kenney erfährt so von der Grenzschließung. Ein US-Mitarbeiter inspiziert die Lage am Potsdamer Platz und darf durch den Stacheldraht nach Ost-Berlin passieren

3.37 Uhr: Associated Press meldet: »Brandenburger Tor geschlossen«

3.53 Uhr: Deutsche Presse-Agentur: »Vopo spannt Stacheldraht«

4.30 Uhr: In seinem Wahlkampfsonderzug irgendwo in Westdeutschland wird der Regierende Bürgermeister und SPD-Kanzlerkandidat Willy Brandt geweckt und erfährt von den Vorkommnissen in Berlin

kurz vor 6 Uhr (0 Uhr Ortszeit): Außenminister Rusk informiert US-Präsident John F. Kennedy telefonisch. Die US-Regierung veröffentlicht eine Protestnote, der Präsident setzt seinen Urlaub auf seinem Landsitz Hyannis Port fort

6 Uhr: West-Berlin ist vollständig abgeriegelt. Der öffentliche Nahverkehr ist zweigeteilt

In West-Berlin wurde die Polizei in Alarmbereitschaft versetzt; noch am frühen Morgen kehrte der Regierende Bürgermeister Willy Brandt mit dem ersten Flugzeug nach Berlin zurück und traf sich mit den Stadtkommandanten der Westalliierten. Um 9.15 Uhr trat im Rathaus Schöneberg der Westberliner Senat zu einer außerordentlichen Sitzung zusammen. Aus Bonn bekundete Bundeskanzler Adenauer den Ostdeutschen seine Solidarität, forderte Vertrauen in die Westmächte und verzichtete zunächst darauf, nach Berlin zu fliegen. Er kam erst eine Woche später, was ihm die Berliner sehr übelnahmen. Noch am Abend des 13. August kam das Westberliner Abgeordnetenhaus zu einer Sondersitzung zusammen, in der Willy Brandt von der »Sperrwand eines Konzentrationslagers« sprach.

Wie überrascht war die Welt von dem, was sich da

in Berlin abspielte? Die Westmächte waren es zweifellos weniger als die Regierung in Bonn, vor allem in Washington war man hinter vorgehaltener Hand sogar erleichtert, denn der Mauerbau mochte für Berlin ein Desaster sein – international senkte er die Kriegsgefahr beträchtlich. Die Berliner aber wachten an diesem Sommersonntagmorgen in einer von Stacheldraht geteilten Stadt auf, hörten die schlimme Nachricht im Radio und machten sich auf, um selbst vor Ort ein Bild der Lage zu gewinnen. Aus zahllosen Fotos von diesem Tag spricht das Entsetzen: wütende Menschengruppen, weinende Angehörige beidseits des Stacheldrahts, fassungslose Gesichter überall entlang der innerstädtischen Sektorengrenze.

Dass der Westen nicht eingriff, musste Wut und Entsetzen der Berliner verschärfen. Im Westteil der Stadt nahmen die Proteste kein Ende, und auch im Osten hatte die Staatsmacht gut zu tun, um der Empörung Herr zu werden. Westberliner Zeitungen waren voll Hohn für die Untätigkeit in London, Paris oder Washington, während die Ostmedien triumphierten und wie gewohnt agitierten. Natürlich liegt auf der Hand, wie durch ein Eingreifen der Westmächte die Situation rasch hätte eskalieren können. Es wurde jedoch aufmerksam registriert, dass die »Maßnahmen zur Grenzsicherung« die alliierten Absprachen einhielten. Aber die Verzweiflung der Berliner ließ so kühlen Erwägungen wenig Raum: Vor Ort fühlte sich die stacheldrahtgeteilte Stadt anders an als an den Schreibtischen der westlichen Hauptstädte.

Titelblatt der Bild-Zeitung vom 16. August 1961:
(im Stacheldrahtrahmen)
Der Osten handelt – was tut der Westen?
DER WESTEN TUT NICHTS!
Präsident Kennedy schweigt … Macmillan geht auf die Jagd … Und Adenauer schimpft auf Willy Brandt.

Die Bundesregierung drängte auf raschen und entschiedenen Protest der Westmächte, weil sie den Mauerbau als Vorlauf zum Versuch ansah, die Westmächte aus Berlin zu vertreiben, doch die Regierungen in Washington, London und Paris blieben abwartend. Sie verstanden die Äußerungen aus Moskau so, dass es dem Osten um ein Ende der Massenflucht ging, aber nicht um West-Berlin. Immerhin hatte Chruschtschow versichert, dass von den Maßnahmen der ungehinderte Zugang aus Westdeutschland nach West-Berlin unberührt bleibe.

Am **14. August** schloss Ost-Berlin um 14 Uhr mit dem Brandenburger Tor das Berliner Wahrzeichen – es sollte zum Symbol werden für die Teilung der Stadt, des Landes, der Welt. Danach verbanden nur noch 12 Grenzübergänge Ost- und Westsektoren. Am **16. August** empfing Bundeskanzler Adenauer in Bonn den sowjetischen Botschafter. In einem Brief an US-Präsident Kennedy kritisierte Willy Brandt die

60

passive Haltung des Westens. Am Nachmittag fanden sich vor dem Rathaus Schöneberg 300 000 Menschen zu einer Massenkundgebung ein, bei der Brandt starke Worte fand, aber gleichzeitig zu Ruhe und Besonnenheit aufrief.

Willy Brandt am Rathaus Schöneberg, 16. August 1961: *Die Sowjetunion hat ihrem Kettenhund Ulbricht ein Stück Leine gelassen. Sie hat ihm gestattet, seine Truppen einmarschieren zu lassen in den Ostsektor dieser Stadt. (…) Berlin erwartet mehr als Worte, Berlin erwartet politische Aktionen. Wir rufen die Völker der Welt, wir rufen ihre Repräsentanten auf, hierher nach Berlin zu sehen, wo die blutende Wunde eines Volkes verkrustet werden soll durch Stacheldraht und genagelte Stiefel. Hier ist die Wirklichkeit und die akute Brutalität eines Systems zu sehen, das den Menschen das Paradies auf Erden versprochen hat und das die Flucht der Menschen aus jenem Paradies erstickt in einem Massenaufgebot an Truppen.*

Tags darauf ließ der DDR-Rundfunk die Ostberliner wissen, bis zum Abschluss eines Friedensvertrages würden keine Besuche in West-Berlin mehr genehmigt. US-Präsident Kennedy protestierte bei der sowjetischen Regierung gegen die Verletzung des Viermächtestatus in Berlin. Am **18. August** verurteilte der Bundestag in Bonn in einer Sondersitzung den Mauerbau aufs schärfste.

Der britische Botschafter in Bonn, Steel, meldet nach London, 14. August 1961: *Ich muss sagen, dass ich mich immer gefragt habe, warum die Ostdeutschen so lange gewartet haben, diese Grenze abzuriegeln.*

Die aufgebrachten Westberliner mussten von Politikern und Polizei immer wieder zur Ruhe gemahnt werden, damit die Situation nicht eskalierte. Am **19. August** atmete Berlin auf, als US-Präsident Kennedy seinen Stellvertreter Lyndon B. Johnson nach Berlin schickte – und mit ihm Lucius D. Clay, den Helden der Luftbrücke. Über den Transit trafen außerdem 1500 US-Soldaten in West-Berlin ein, was einem doppelten Zweck diente: Test auf die Einhaltung der alliierten Absprachen und Beruhigung der Westberliner, die die GIs begeistert empfingen. Vizepräsident Johnson gab vor dem Westberliner Abgeordnetenhaus eine US-Garantie für ein freies West-Berlin ab.

Walter Ulbricht in einer Fernsehansprache, 18. August 1961: *Niemand kann uns nachsagen, dass wir Stacheldraht besonders gern hätten. Aber Stacheldraht ist zweifellos gut und nötig als Schutz gegen diejenigen, die die Deutsche Demokratische Republik überfallen wollen.*

Doch Symbolisches vermochte nicht, die Dinge zum Besseren zu wenden. Im Gegenteil gab das DDR-Innenministerium am **22. August** bekannt, dass ab dem nächsten Tag Westberliner nur noch mit Aufenthaltsgenehmigungen nach Ost-Berlin dürften. Gleichzeitig reduzierte Ost-Berlin die Zahl der Grenzübergänge auf acht, die aber wenig Verkehr zu verbuchen hatten. Denn Senat und DDR-Regierung konnten sich noch auf Jahre nicht einigen, wie die Ausgabe der Passierscheine vonstattengehen sollte, denn dabei ging es um heikle Statusfragen. Folglich blieb für die nächsten Jahre die Mauer auch für Westberliner weitgehend unüberwindbar, was getrennte Familien besonders hart traf.

Innerstädtische Grenzübergänge in Berlin

Übergang	Besuchergruppen	Pkw erlaubt?
Bornholmer Straße	Westberliner und Bundesbürger	ja
Chausseestraße	Westberliner	ja
Invalidenstraße	Westberliner	ja
Bahnhof Friedrich-straße	alle	nein
Friedrichstraße (Checkpoint Charlie)	Ausländer	ja
Heinrich-Heine-Straße	Bundesbürger	ja
Oberbaumbrücke	Westberliner	nein
Sonnenallee	Westberliner	ja

Gemäß den Abkommen untereinander durften Angehörige der Siegermächte die Sektorengrenzen ungehindert passieren – bis am 15. Oktober 1961 US-Bürger in Zivil am Checkpoint Charlie erstmals von der DDR-Volkspolizei kontrolliert wurden. Als am 22. Oktober die DDR US-Militärs entgegen den Absprachen nur nach vorheriger Kontrolle nach Ost-Berlin lassen wollte, kam es zum Eklat. Am 25. Oktober fuhren am Checkpoint Charlie zehn US-Panzer auf, und die US-Truppen in Berlin wurden in Alarmbereitschaft versetzt. Als Antwort postierte Moskau am nächsten Tag sowjetische Panzer in der Nähe des Grenzübergangs, die am 27. Oktober bis zur Demarkationslinie vorrückten. Nun standen sich über 16 Stunden je acht Panzer mit scharfer Munition gegenüber, und die Sowjets zogen in den Nebenstraßen Dutzende weitere zusammen. Die Konfrontation geriet in gefährliche Nähe einer bewaffneten Auseinandersetzung zwischen USA und UdSSR. Doch schon am nächsten Morgen zogen erst die Sowjets, dann die USA ihre Panzer ab – Geheimabsprachen zwischen Chruschtschow und Kennedy hatten es möglich gemacht. Damit war die akute Phase der 2. Berlinkrise überstanden, die sich bald darauf in die Karibik verlagerte: als Kubakrise.

Chruschtschow am 26. 2. 1962: *Die Mauer war das Maximum dessen, was möglich war.*

Fünf Berliner Mauerorte

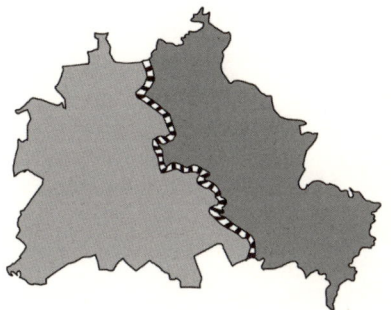

Brandenburger Tor

Natürlich ist das Brandenburger Tor das weltweit bekannteste Symbol von Mauer und Eisernem Vorhang – und sowieso Deutschlands bekanntestes Bauwerk überhaupt. Ein geschlossenes Tor war ein vortrefflich geeignetes Bild, das Bundespräsident Weizsäcker einmal auf die Formel brachte: Die deutsche Frage ist offen, solange das Brandenburger Tor geschlossen ist. Heute kann man nach Lust und Laune hindurchspazieren. Für Berliner, die das geteilte Berlin noch erlebt haben, bleibt das besonders, selbst wenn es längst wieder eine Selbstverständlichkeit geworden ist.

1789–91 wurde das einzige erhaltene Berliner Stadttor erbaut. Es ist seit jeher sowohl eine bedeutende Sehenswürdigkeit der Stadt als auch preußisches und deutsches Geschichtszeugnis. Napoleon nutzte es 1806 beim Sieg über Preußen für einen demütigenden Triumphmarsch. Nach dem Sieg über Frankreich zogen ein paar Jahre später immer wieder Soldaten hindurch, und nicht von ungefähr inszenierte der Propagandaminister zur Machtübernahme der NSDAP 1933 hier den Fackellauf der Parteisoldaten. Im Krieg arg ramponiert, wurde es bald danach von Ost- und West-Berlin gemeinsam wiederhergestellt: Während Ost-Berlin, auf dessen Gebiet es stand, das Bauwerk instand setzte, goss

West-Berlin die Quadriga neu, von der die Bomben nur einen Pferdekopf übrig gelassen hatten. Aber so richtig grün war man sich halt nicht: Ost-Berlin duldete nicht, was man als Symbole des verhassten preußischen Militarismus verstand, und entfernte den preußischen Adler und das Eiserne Kreuz, bevor die Quadriga wieder auf das Tor kam. Das war ebenso Ausdruck des Kalten Krieges wie das Gerücht, Ost-Berlin habe Pferde, Kutsche und Göttin in Richtung Osten gedreht, um den Westen zu ärgern. Auf alten Fotos kann man sehen, dass die Quadriga immer gen Osten wies – weil sie in die Stadt hinein zum Schloss wollte, um dem König die Siegeskunde zu bringen.

Besucher Ost-Berlins kamen nicht allein wegen des Tores her, sondern weil es der der Mauer nächstgelegene Punkt war, dem man sich nähern konnte, ohne verdächtig zu erscheinen. Bis zur Ecke Wilhelmstraße konnte man gehen, dann versperrte ein Zaun den Weg, dahinter ein paar verharmlosende Blumenrabatten und der leergeräumte Pariser Platz. Das Tor verdeckte die Mauer fast, die hier niedriger war, um den Blick auf das Berliner Wahrzeichen auch von der Westseite zu gestatten, aber man konnte doch einen Blick auf die weiß getünchte Wand erhaschen.

1987 stattete US-Präsident Ronald Reagan der Westseite des Tors einen Besuch ab und hielt dort eine Rede, für den unwahrscheinlichen Fall östlicher

Scharfschützen hinter Panzerglas. Eine Plakette auf dem nördlichen Gehweg erinnert an seine berühmten Worte: »Mr. Gorbatschow, öffnen Sie dieses Tor, reißen Sie diese Mauer nieder!« Als es zwei Jahre darauf dazu kam, dass die DDR-Bürger die Mauer stürmten, war die Öffnung des Tores am 22. Dezember 1989 für Berlin das schönste Weihnachtsgeschenk. Noch spontan kamen im selben Jahr die Berliner an Silvester zum Feiern her, was sich seither zu einer der weltweit großen Silvesterpartys mauserte, deren Bilder um die Welt gehen.

Wäre der Kalte Krieg eines Tages heiß geworden, hätte das Brandenburger Tor übrigens eine fatale Rolle gespielt. Ost und West waren für diesen Fall gewappnet. Nach den Plänen des NATO-Gegners Warschauer Pakt sollten dann Panzer und Soldaten durchs Brandenburger Tor nach Westen einrücken. Folgt man von dort der Straße des 17. Juni und dem anschließenden Straßenzug über die Siegessäule hinaus und weiter quer durch West-Berlin, kommt man bis an die Stadtgrenze. Es hätte sich angeboten, so die Insel West-Berlin aufzuspalten, um den Westalliierten keine Chance zu lassen.

Potsdamer Platz

Vor 1989 war der Berlintourismus winzig im Vergleich zu heute. Aber damals wie heute wollte jeder

Besucher West-Berlins die Mauer sehen, und außer am Brandenburger Tor tat man das vor allem am Potsdamer Platz. Dort gab es gewissermaßen den doppelten Gruselfaktor: Man stieg auf Plattformen, die es getrennten Familien und Freunden ermöglichten, einander über die Mauer hinweg wenigstens zuzuwinken, und sah den hier besonders breiten Todesstreifen, Wachtürme, manchmal auch Grenzsoldaten und NVA-Kübelwagen. Unter sich aber hatte man den Platz, der vor dem Krieg Berlins Version von Times Square oder Piccadilly Circus gewesen war: mondän, umtost, weltstädtisch. Wegen der Teilung büßte der Platz seine zentrale Lage ein und entwickelte sich zur riesigen, jämmerlichen Brache mit wenigen Ruinen, einem Mietshaus, das die Bomben unbeschadet überstanden hatte, sowie Souvenirbüdchen und jeder Menge Wildwuchs.

Bei der Maueröffnung war der Potsdamer Platz zunächst kein Schauplatz, denn hier gab es keinen Grenzübergang, den man hätte stürmen können. Der aber wurde kurz danach eröffnet und zog sogleich Politprominenz an: Am 12. November 1989 reichten sich zunächst die Stadtoberhäupter Berlins, Walter Momper (West) und Erhard Krack (Ost), durch das Loch in der Mauer die Hand. Mittags überschritt Bundespräsident von Weizsäcker hier erstmals die Grenze, und ein voreiliger DDR-Grenzer erstattete ihm bereits offiziell Meldung. Legendär wurde das

The Wall-Konzert von Pink Floyd, das am 21. Juli 1990 hier auf dem Todesstreifen stattfand. Der war da gerade erst leergeräumt worden. Bei 40 DM Eintritt kamen über 300 000 Besucher. Spektakulär war außerdem das Ballett der Baukräne auf der Baustelle der Daimlercity im Oktober 1996.

Denn als Stadtmythos wurde der Platz bald nach dem Mauerfall zum ersten Großprojekt Berlins nach der Wiedervereinigung, und die Bauherren waren einige Jahre stolz auf ihre »größte Baustelle Europas«. Nichts weniger als ein Symbol der wieder zusammenwachsenden Stadt sollte es werden, wenn auch überkommerzialisiert und sowieso belächelt oder beklagt von einem Großteil der Berliner. Zwanzig Jahre später hat das Projekt genug Patina angesetzt, um wieder als eingepasster Stadtraum durchzugehen, zumal Verbindungen in benachbarte Stadtquartiere wiederhergestellt wurden. Aber da man es den Berlinern schwer recht machen kann, schimpfen sie noch heute darauf. Sowieso ist das erste Großprojekt der wiedervereinigten Stadt längst nur noch eins unter vielen.

Bahnhof Friedrichstraße

An den einst meistfrequentierten Grenzübergang Berlins erinnert im Bahnhofsgebäude kaum noch etwas. Hastend umsteigende Passanten würden staunende Touristen wohl auch einfach überrennen, denn der Bahnhof ist ein quirliger Knotenpunkt für Nah- und Regionalverkehr. Das war er bereits vor dem Mauerbau, und eingeschränkt blieb er das auch zur Zeit der Mauer.

Irgendwie schräg war, dass der Bahnhof gar nicht an der Grenze lag, sondern gut einen Kilometer entfernt auf Ostberliner Gebiet. Weil einige Westlinien von U- und S-Bahn, die teilweise durch Ost-Berlin verliefen, weiterbetrieben wurden, trafen sich hier eine U-Bahn- und zwei S-Bahnlinien des Westberliner Nahverkehrsnetzes. Daher wurde der Bahnhof zum Westberliner Umsteigeort auf Ostberliner Gebiet und obendrein als Grenzübergang eingerichtet. Innen wurde er gesichert und so verwirrend umgebaut, dass man nie wusste, wo genau man sich gerade befand. Das Gebäude erschien wie ein Labyrinth von Gängen, Treppen und Abfertigungsschaltern mit grimmigen Uniformierten an jeder Ecke. Die Bahnsteighalle war zweigeteilt: Ein Bahnsteig Ost, zwei Bahnsteige West, dazwischen eine Wand und unter dem Hallendach patrouillierende Grenzer. Die Sicht vom äußeren Westbahnsteig auf die Georgenstraße verhinderten eigens geschwärzte Scheiben.

Da Westberliner hier umsteigen konnten, ohne nach Ost-Berlin einreisen zu müssen, war auf den Verbindungsgängen zwischen U- und S-Bahn immer viel Betrieb. Gelegentlich öffnete sich unbemerkt eine Tür, und eine unauffällige Gestalt reihte sich wie selbstverständlich in die Passanten ein – Ostblockspione, die davon profitierten, dass auf Westseite keine Kontrollen durchgeführt wurden, weil der Westen die Mauer als Grenze nicht anerkannte. Westberliner konnten hier ohne Grenzübertritt im Intershop auf dem S-Bahnsteig der Nord-Süd-Bahn einkaufen.

Intershops

- Mitte, Bahnhof Friedrichstraße
- Mitte, Friedrichstraße, Hotel Adria (Nähe Weidendammer Brücke)
- Mitte, Friedrichstraße, Hotel Metropol (heute Maritim)
- Mitte, Schiffbauerdamm
- Mitte, Palasthotel (heute Dom Aquaree)
- Mitte, Alexanderplatz
- Mitte, Hotel Berolina, Karl-Marx-Allee (heute Rathaus Mitte)
- Mitte, Checkpoint Charlie
- Mitte, Grenzübergang Invalidenstraße
- Mitte, Invalidenstraße (nahe Chausseestraße)
- Mitte, Grenzübergang Heinrich-Heine-Straße
- Prenzlauer Berg, Bornholmer Straße (Ecke Malmöer Straße)
- Friedrichshain, Hauptbahnhof (heute Ostbahnhof)

- Lichtenberg, Bahnhof Lichtenberg
- Treptow, Sowjetisches Ehrenmal
- Treptow, Grenzübergang Sonnenallee
- Köpenick, Müggelsee, Ausflugslokal Rübezahl
- Schönefeld, Grenzübergang Rudower Chaussee
- Schönefeld, Flughafen Schönefeld (zweimal)

Zwischen Bahnhofsgebäude und Spree lässt sich der schrägen Vergangenheit des Bahnhofs im Tränenpalast nachspüren. Der Pavillon diente als Ausreisehalle, weswegen es am Eingang häufig zu tränenreichen Abschieden kam. Der Tränenpalast ist heute ein Museum, das die Geschichte des Bahnhofs und des Grenzverkehrs knapp, aber sehr gekonnt vermittelt – inklusive eines Modells des Bahnhofs, wie er zu Mauerzeiten aussah, und den braunen Sprelacart-Boxen, in denen die Grenzer ohne jede Regung die Visa kontrollierten, vom Reisenden unbemerkt den Ausweis fotografierten, bis ein Klicken bedeutete, dass man die zweite Tür passieren durfte. Nicht verpassen, Eintritt frei!

Bernauer Straße

Es gab diverse Grenzabschnitte, an denen die Mauer mitten durch Wohngebiete verlief und die eine Straßenseite sich im Westen, die andere im Osten wiederfand. Berühmt wurde aber vor allem die Bernauer

Straße, denn nach dem Mauerbau kam es hier zu dramatischen Szenen. An der Ecke Ruppiner Straße sprang der Grenzpolizist Conrad Schumann zwei Tage nach dem Mauerbau selbst über den Stacheldraht, anstatt andere davon abzuhalten. Im Sprung streifte er seine Waffe ab, damit er nicht als Aggressor angesehen würde. Film- und Fotoaufnahmen davon gingen um die Welt, an der Ecke Bernauer Straße prangt die Aufnahme an einer Brandmauer.

Die Häuser auf der östlichen Seite der Bernauer Straße gehörten zum Ost-Bezirk Mitte und standen direkt auf der Bezirksgrenze zum West-Bezirk Wedding. Ab dem 19. August 1961 wurden die Hauseingänge zur Straße geschlossen und vernagelt, weil der Gehweg direkt davor bereits zum Westen gehörte. Im nächsten Schritt mauerte man die Erdgeschossfenster zu und postierte Wachen in den Hausfluren. Für kurze Zeit konnten die Bewohner noch aus den oberen Fenstern springen, die Westberliner Feuerwehr war mit Sprungtüchern zur Stelle. Aber sie war nicht immer rechtzeitig vor Ort. Die ersten Maueropfer kamen an der Bernauer Straße zu Tode, weil sie beim Sprung aus den Häusern verunglückten: Rudolf Urban am 19. August (er starb am 17. September), Ida Siekmann am 22. August 1961.

Ende September 1961 mussten die letzten verbliebenen 2000 Bewohner der Grenzhäuser an der Bernauer Straße ihre Wohnungen räumen. Mitte Oktober waren dort alle Fenster vermauert, 1965 wurden die Häuser abgerissen, aber die erste Etage blieb stehen und diente als Barrikade gegen den Westen. Eine reguläre Grenzmauer wurde erst später errichtet.

Die lange Häuserreihe wurde nahe der Ackerstraße vom kleinen Vorplatz der Versöhnungskirche unterbrochen, die noch bis 1985 einsam und verlassen im Todesstreifen stand. Dann wurde sie gesprengt, um den Todesstreifen zu ordnen und den Grenzern freies Sicht- wie Schussfeld zu geben. Heute steht an derselben Stelle die Kapelle der Versöhnung, erbaut 2000. Etwas weiter wurde ein Stück Friedhof mitsamt den Gräbern für die Grenzanlagen planiert, so dass dort gewissermaßen ein doppelter Todesstreifen entstand.

Der gesamte Grenzabschnitt entlang der Bernauer Straße bildet heute die »Gedenkstätte Berliner Mauer«, ein mehrere Kilometer langes Open-Air-Museum inklusive Dokumentationszentrum, Ausstellungsgebäude und Aussichtsplattform. Nirgendwo anders kann man Mauer, Grenze, Teilung und was sie für Berlin bedeuteten besser begreifen als hier. Die Dokumentation ist umfassend und sehr anschaulich. Man versteht, warum sich Archäologen hier nicht um Antikes oder Vorzeitliches, sondern um die jüngere Vergangenheit kümmern. So wurden vom Grenzverlauf überbaute Straßen freigelegt, Fundamente abgerissener Häuser ausgegraben und Fluchttunnel dokumentiert. Informationsstelen bieten Fotos sowie Filmaufnahmen und Tondokumente, und an den Brandmauern zeigen Fotos, was sich in der Bernauer Straße einst abspielte und wie die Grenze hier aussah. Und vor allem ist der Todesstreifen mit seinen Einrichtungen nachvollziehbar durch Reste der Grenzanlagen, Markierungen und Erklärungen. Pflichtprogramm für Mauertouristen!

Grenzübergang Dreilinden

Die Insel West-Berlin war mit der Bundesrepublik unter anderem über die drei Transitstrecken verbunden. Zwei davon erreichte man über den wichtigsten Grenzübergang Dreilinden, der 1969 in Betrieb genommen wurde. Beim Grenzübertritt wurde das Westberliner Inselgefühl besonders stark, denn eine Autofahrt nach »Westdeutschland«, wie der Sprachgebrauch lautete, war ein durchaus aufwendiges Unterfangen. Zunächst durfte man auf keinen Fall seinen »behelfsmäßigen Personalausweis« oder bundesdeutschen Reisepass vergessen, sonst wurde man an der Grenze gleich wieder zurückgeschickt. Und da konnten dann schon enorme Wartezeiten vergangen sein, denn zu langen Wochenenden oder Ferienbeginn bildeten sich lange Schlangen wie vor einer Fähre aufs Festland. Es empfahl sich auch nicht, den »Spiegel« oder gar die Bild-Zeitung sichtbar im

Auto liegen zu haben, denn das drohte die Grenzer zu erbosen, was wiederum dazu führen konnte, dass man zur besonders sorgfältigen Kontrolle aus der Schlange geholt wurde. Dasselbe konnte auch bei allzu lockeren Sprüchen oder politischen Aussagen passieren. Denn es handelte sich ja nicht um eine harmlose Mautstation, wo sich Schlangen bildeten, sondern um eine gutgesicherte Grenze. Man wartete, umgeben von bewaffneten Grenzern, Mauern und Wachtürmen, und das gesamte Areal war nachts bis in die Ecken hell ausgeleuchtet. Die sich stets einstellende leichte Beklemmung war gewollt.

Wenn alles gutgegangen war, ging es auf die Transitautobahn in Richtung Süden oder Westen, vorbei am DDR-Grenzpfeiler mit stolzem Wappen sowie einem Betonsockel mit dem ersten T34-Panzer der Roten Armee, der 1945 Berlin erreichte. (Heute steht da ein Schneeräumer.) Die Fahrt ins westdeutsche Mutterland dauerte bedeutend länger als heute, weil in der DDR auf Autobahnen ein strenges Limit von 100 km/h galt, immer mal wieder überraschend aufgelockert durch kurze Streckenabschnitte mit 80 km/h Höchstgeschwindigkeit, die einzuhalten ratsam war. Denn die Volkspolizei patrouillierte eifrig und ahndete Verstöße sogleich, um Westdevisen zu kassieren, die der DDR-Staat gut gebrauchen konnte.

Auf ausgewiesenen Raststätten durfte man rasten und tanken und sogar in Intershops zollfrei einkau-

fen. Nicht empfehlenswert war jedoch die Kontakt-
aufnahme mit DDR-Bürgern und schon gar nicht,
sich mit Freunden oder Verwandten aus der DDR
dort zu treffen, denn die Stasi war stets präsent.
Streng verboten war außerdem, die Autobahn zu verlassen und ins Land zu fahren, weil das Transitvisum
nur die Fahrt über die Transitstrecken erlaubte. Wer
für die Strecke bedeutend länger benötigte als üblich,
dem drohten an der zweiten Grenze strengste Kontrollen, denn man mochte ja Fluchthelfer sein oder
anderes Unerlaubte getan haben. Die Visumsstempel
verrieten den Grenzern, wenn man zu lange unter-
wegs gewesen war.

Das strenge Tempolimit und das latent ungute
Gefühl auf dem Transit endeten schlagartig bei der
Ankunft im Westen. Wer über Dreilinden nach
West-Berlin zurückkehrte, nutzte meistens genüss-
lich aus, dass damals auf der Stadtautobahn AVUS
kein Tempolimit bestand, bis der Funkturm erreicht
war. Man war wieder auf der Insel West-Berlin, hier
herrschte freie Fahrt für freie Bürger.

Für den großen Andrang am Grenzübergang
brauchte es natürlich Platz zur Abfertigung, wovon
man heute nichts mehr sehen kann. 5,6 Millionen
Autos wurden im Jahr 1988 allein in Dreilinden
abgefertigt. Von Zehlendorf kommend fährt man
zwar noch an Resten der fröhlich roten Siebziger-
Jahre-Pop-Art-Anlage der Westseite vorbei sowie

an einem Häuschen mit der Aufschrift »Checkpoint Bravo«. Die Gestaltung stand natürlich absichtlich im Kontrast zur anderen Seite des Kontrollpunkts. Das Riesenareal des Kontrollpunkts auf DDR-Gebiet aber, das aus 20 Hektar betonierter Fläche bestand, liegt heute abseits der Autobahn. Dort wurde nach der Wiedervereinigung ein Gewerbepark angesiedelt.

Drüber und Drunter.
Fluchten 1961–89

Die Absperrung Ost-Berlins ist eine für alle
Welt sichtbare Niederlage des kommunistischen
Systems. Das ostdeutsche Ulbricht-Regime ist
für die unmenschliche Einsperrung der eigenen
Landsleute vor aller Welt verantwortlich.

Erste offizielle Reaktion der US-Regierung,
13. August 1961

Bei aller Genugtuung, es dem Westen gezeigt zu haben, konnte DDR-Parteichef Ulbricht nicht vollends zufrieden sein mit dem Bau der Mauer. Denn die Aktion schadete dem ohnehin schon angeschlagenen Renommee der DDR. Außerdem versagte ihm Moskau weiterhin den Friedensvertrag, der eine erhebliche Aufwertung des ostdeutschen Staates bedeutet hätte. Schon in dem, was für Ost-Berlin aktuell am dringlichsten war, blieb man unter Plansoll. Die Fluchten wurden zwar weniger, konnten aber nicht ganz gestoppt werden. Allein am 13. August gab es über 100 Grenzdurchbrüche, am 14. August doppelt so viele. Hunderte Menschen schafften es so noch in den Westen. Besonders ärgerlich war in den Augen des Regimes, wie viele Volkspolizisten und Grenzsoldaten flohen – im ersten Jahr nach dem Mauerbau waren es rund 1000.

Fluchten kurz nach Mauerbau

| 13. August | Potsdamer Platz | Ein paar junge Männer durchtrennen den Stacheldraht und lösen eine spontane Massenflucht aus. |
| 13. August | Teltowkanal | 26 Menschen fliehen schwimmend durch den Teltowkanal. |

13. August	Brunnen-straße	Eine Ostberlinerin passiert mit gefärbtem Haar und dem Ausweis ihrer Westberliner Schwester einen Grenzüber-gang.
15. August	Bernauer, Ecke Ruppiner Straße	Grenzpolizist Conrad Schu-mann springt in Uniform über den Stacheldraht.
17. August	Sonnenallee	Der Fahrer eines Bautrans-ports durchbricht mit schwerer Last die Mauer.
17. August	Bernauer Straße 11	Familie Mathern flieht aus ihrer Hochparterre-Wohnung durch die gerade noch offene Haustür, der Vater muss als Letzter bereits aus dem Fenster springen.
19. August	Bernauer Straße	Der Kraftfahrer Rudolf Urban seilt sich aus seinem Haus in den Westen ab, stürzt und stirbt später an den Folgen.
22. August	Bernauer Straße	Ida Siekmann (58) springt aus dem 3. Stock eines Hauses, bevor ein Sprungtuch bereit ist, und stirbt durch den Auf-prall. Sie ist die erste Mauer-tote.

| 24. August | Humboldt-hafen | Nicht weit vom heutigen Hauptbahnhof wird Günter Litfin (24) erschossen, als er durchs Hafenbecken nach West-Berlin schwimmen will. Er ist das erste Schussopfer an der Mauer. |

Wem es oberirdisch zu gefährlich schien, konnte es unter Straßenniveau versuchen, wofür anfangs die Kanalisation noch Möglichkeiten bot. Die Zahl der Flüchtlinge, die durch die Kanalisation nach West-Berlin gelangten, wird auf rund 800 geschätzt. Im Westen hielt man sich mit der Berichterstattung darüber zurück, um die Fluchtwege offenzuhalten. Der meistfrequentierte Weg in der Alten Jakob-/ Neue Grünstraße erhielt geruchsbedingt den Spitznamen »Glockengasse 4711«. Der Weg durchs Abwassersystem wurde bis zum Winter allerdings massiv erschwert. Die Sperren wurden verstärkt, und die Stasi entwickelte außerdem eine spezielle Rohrvergitterung: Im äußeren Hohlrohr lag ein gefettetes zweites Stahlrohr, das nicht ohne weiteres durchgesägt werden konnte, weil es sich mit der Säge bewegte.

Wege durch die Kanalisation

20.–22.8.1961	Prenzlauer Berg, Gleimstraße	10 Personen
23.8.1961	Pankow, Esplanade	10 Personen
6.–9.9.1961	Prenzlauer Berg, Gleimstraße	28 Personen
8.–10.9.1961	Pankow, Esplanade	54 Personen
13.9.–13.10.1961	Mitte, Alte Jakobstraße	mind. 137 Personen
23./24.10.1961	Prenzlauer Berg, Eberswalder/ Bernauer Straße	7 Personen
26./27.10.1961	Mitte, Zimmerstraße	3 Personen
April/Mai 1962	Lichterfelde/Teltow	ca. 15 Personen

Als die Kanalisation zu heikel wurde, begann die Hochphase gegrabener Fluchttunnel. Im meist feuchten Berliner Untergrund war das allerdings nicht überall möglich. Ein weiteres Mal bot sich die Bernauer Straße an, die in Richtung Prenzlauer Berg leicht ansteigt. Hier war der Boden ausreichend stabil, und so wurden dort im ersten Jahrzehnt nach Mauerbau mehr als zehn Fluchttunnel gegraben, einige über 100 Meter lang. Junge Männer, die selbst geflohen waren oder Freunden und Verwandten im Osten zur Flucht verhelfen wollten, gruben in mühevoller und gefährlicher Arbeit. Einige Mithelfer wollten gar nicht selbst fliehen, der Mauerbau hatte sie einfach so empört, dass sie aktiv werden wollten. Bis zu sechs Monate dauerte ein Tunnelbau, entsprechend groß war die Gefahr aufzufliegen. Einige scheiterten auch an der Konstruktion. Nur drei der Tunnel an der Bernauer Straße konnten für Fluchten genutzt werden, insgesamt schafften es so rund 90 Menschen nach Westen. Berühmt wurde Tunnel 29, von dem DDR-Grenztruppen und Stasi erst durch einen Bericht des US-Senders NBC erfuhren, der die Fluchtaktion 1962 filmte. Selbst dann brauchten sie noch Tage, um den Fluchtweg ausfindig zu machen.

Zwei Jahre später, im Oktober 1964, öffnete ein weiterer Tunnel an der Bernauer Straße 57 Flüchtlingen den Weg in die Freiheit. Der Eingang befand sich unter einem Holzverschlag mit Abort in einem Hinterhof, elf Meter tief ging es 145 Meter lang, bis der Tunnel auf westlicher Seite im Hof einer stillgelegten Bäckerei endete. Am ersten Tag, dem 3. Oktober 1964, ging alles glatt, doch in der Nacht zum 5. Oktober war die Stasi vor Ort, informiert von Spitzeln. Als sie die Fluchthelfer stellten, kam es zum Schusswechsel, bei dem Egon Schultz, Unteroffizier der Grenztruppen, von zehn Kugeln tödlich getroffen wurde. DDR-Medien berichteten kurz darauf, West-berliner Fluchthelfer hätten den Mann kaltblütig er-mordet. Die Erkenntnisse der Ostberliner Ermittler, nach denen zwar auch die Fluchthelfer schossen, aber die tödliche Kugel aus der Kalaschnikow eines Kameraden stammte, wurden vertuscht und das Op-fer zum Helden stilisiert. Viele DDR-Schulen wurden nach ihm benannt, ebenso der Ostberliner Teil der Strelitzer Straße.

Zu einiger Berühmtheit gelangte eine Berliner Tunnelflucht weiter nördlich, von einem Friedhof in Pankow zu einem Fabrikgelände in Wedding. Ge-graben wurde er für Waltraut Niebank, die kurz vor Mauerbau geheiratet hatte. Ihr Mann aus West-Ber-lin war nach der Grenzschließung verzweifelt, weil seiner Frau die vorher übliche Umzugserlaubnis nun verweigert wurde. Doch er gab nicht auf. Für den 18. Dezember 1961 bestellte er sie über einen Onkel frühmorgens mit Grabschmuck zu einem be-stimmten Grab, an dem sich plötzlich die Erde auftat. Waltraud Niebank sprang und kroch in Todesangst, wie sie später berichtete, durch den niedrigen Stollen. Drei Tage später wurde er entdeckt.

Nur ein Stück entfernt wurde 1962 ein weiterer Fluchttunnel unter dem S-Bahnhof Wollankstraße gegraben, der aber nie zum Einsatz kam. Die Kon-struktion hielt nicht und stürzte unter dem S-Bahn-hof ein, was Reichsbahnmitarbeiter bemerkten. Auch hier wurde die DDR-Propaganda tätig und bezeichnete den Tunnel als Agentenschleuse und den Bau als westlichen Terrorakt.

Stasibericht zum Pankower Friedhofstunnel, Dezember 1961: *In dem vorliegenden Ermittlungsverfahren wird der Beweis angetreten, dass das Anlegen von unterirdischen Stollen von West-Berlin aus in das Gebiet der Deutschen Demokratischen Republik zu einer Methode bei der Organisation des Menschenhandels geworden ist.*

Als »Schwerpunkt der Grenzprovokationen« galt der Stasi die Heidelberger Straße zwischen Treptow und Neukölln, wo die Mauer mitten auf der Fahrbahn verlief. Die zu überwindende Strecke war daher gering und der Untergrund ideal zum Tunnelbau, wenn man über dem Grundwasser blieb, das in 2,80 Meter Tiefe verlief. Allerdings führte nicht jedes Projekt zum Erfolg, mehrmals kam es zu Verrat an die Stasi, die bei einer Aktion den Fluchthelfer Heinz Jercha erschoss. In einem anderen Fall im August 1962 wurden in der nahe gelegenen Kiefholzstraße Dutzende Flüchtlinge von der Stasi verhaftet, bevor sie den Stollen betreten konnten. Später unterbanden die Grenztruppen die Erdarbeiten mit Sperrgräben.

Im Ganzen wurden über die Jahre in Berlin über 70 Fluchttunnel gebaut, aber nur zwei Dutzend davon tatsächlich genutzt. Bis zu 300 Menschen dürfte so die Flucht gelungen sein. Die Stollen wurden überwiegend in den 60er Jahren gegraben, später wurde die Aufklärung der Stasi zu umfassend. Außerdem waren geeignete nahe gelegene Zielpunkte für den Tunnelbau selten geworden, weil die Grenztruppen ihr Hinterland säuberten.

Elf Berliner Fluchttunnel

Kleinmachnow-Düppel	12. 10. 1961	5 Personen
Pankower Friedhofstunnel	18. – 21. 12. 1961	28 Personen
Oranienburger Chaussee	24. 1. 1962	28 Personen
Heidelberger Straße	22. – 27. 3. 1962	max. 57 Personen; Grenzer erschießt Fluchthelfer Heinz Jercha
Oranienburger Chaussee	5. 5. 1962	12 Personen
Zimmerstraße, Baustelle Springer-Verlagshaus	18. 6. 1962	4 Personen, Fluchthelfer erschießt Grenzer Reinhold Huhn
Schwedter Straße	3. 7. 1962	7 Personen

Bernauer Straße	14./15. 9. 1962	29 Personen
Bernauer Straße	3. – 5. 10. 1964	57 Personen
Mauerstraße	9. 1. 1972	3 Personen
Klein Glienicke	25./26. 7. 1973	9 Personen

Fluchtwillige ersannen alle möglichen Strategien, um der DDR zu entkommen – natürlich nicht allein über die Mauer nach West-Berlin, sondern auch über die innerdeutsche Grenze, die allerdings bis in die 80er Jahre mit Landminen und Selbstschussanlagen ausgestattet war. Ein paar Tausend dürften es in Kofferräumen von Diplomatenautos geschafft haben, die nicht kontrolliert werden durften. Auch legale Wege gab es, etwa durch Heirat, vorzugsweise mit Bürgern neutraler Staaten, weil dann die Aussichten besser waren, ausreisen zu dürfen. Es konnte aber lange dauern, bis eine Genehmigung erteilt wurde, und wichtige Berufsgruppen hatten gar keine Chance. Vage Aussichten hatten DDR-Bürger, die sich auf das Recht auf Auswanderung beriefen und einen Ausreiseantrag stellten. Ob und wann der genehmigt wurde, war unabsehbar – und bis dahin drohten soziale Ausgrenzung und berufliche Benachteiligung. Eine weitere Möglichkeit sahen viele an einer ausländischen Grenze zum Westen, aber der Eiserne Vorhang war nirgendwo durchlässig. Die

DDR hatte zudem mit den Grenztruppen der »sozialistischen Bruderstaaten« Abkommen geschlossen: Aufgegriffene Flüchtlinge wurden an die DDR ausgeliefert und dort zu langen Haftstrafen verurteilt. Eine Art Sippenhaftung brachte viele Fluchtwillige von ihrem Vorhaben ab: Die DDR strafte Angehörige von Flüchtlingen, ob erfolgreich oder nicht, durch vielfältige, manchmal perfide einfallsreiche Maßnahmen.

Legale Ausreisen und Fluchten aus der DDR, 1961–1989

Übersiedler	383 181
Flucht über Mauer und deutsch-deutsche Grenze	40 101
Flucht über Drittländer	178 182
Freikauf (1979–1988)	15 287
Gesamt	**616 751**

Hier weitere Beispiele für gängige Fluchtmethoden über die Berliner Mauer:

Grenzdurchbruch

14. 11. 1961, Grenzübergang Chausseestraße
Drei Frauen und zwei Männer panzern einen Opel aus den 30er Jahren mit Stahlplatten und durchbre-

chen die Grenzsperren. Die Grenzer schießen, aber nur die Windschutzscheibe geht zu Bruch.

18. 4. 1962, Grenzübergang Heinrich-Heine-Straße

Drei junge Männer wagen den Durchbruch mit einem geliehenen Lkw, den sie mit Sand und Kies beladen. In den frühen Morgenstunden rasen sie mit 70 Stundenkilometern auf die Grenzanlagen zu und werden unter starken Beschuss genommen. Am Steuer wird Klaus Brueske getroffen, steuert den Lkw aber noch gegen eine Grundstücksmauer, wo er beim Aufprall von der Ladung erstickt wird. Am Grenzübergang wird später eine entschleunigende Slalomstrecke eingerichtet.

27. 12. 1962, Grenzübergang Dreilinden

In einem gepanzerten Bus mit aufgesetztem Rammbock und 60 Plätzen (Bj. 1941) wagen ein Lausitzer Fuhrunternehmer, sein Mitarbeiter und deren Familien die Flucht über den Grenzübergang im Südwesten Berlins. Bei eisiger Kälte brechen sie am 2. Weihnachtstag unter Beschuss durch die Sperranlagen. Vier Erwachsene und vier Kinder kommen wohlbehalten in West-Berlin an.

4. 5. 1963, Checkpoint Charlie

Ein Österreicher leiht sich in einem Westberliner Autohaus einen sehr niedrigen Austin Healey Sprite Cabrio, setzt seine Verlobte und deren Mutter hinein und fährt vor Morgengrauen unter dem Schlagbaum durch. Der wird daraufhin mit eisernen Hängestäben verstärkt.

29. 8. 1986, Checkpoint Charlie

Ein Berufskraftfahrer lädt fünf Tonnen Kies und durchbricht am Checkpoint Charlie bei Tempo 60 die Grenzanlagen. Im Lkw sind seine Freundin und ihr acht Monate altes Baby. Die Grenzer schießen nicht, sondern verlassen sich auf die automatische Sperrverriegelung, die aber ein paar Sekunden zu spät erfolgt.

11. 3. 1988, Glienicker Brücke

Drei junge Männer wagen den Durchbruch um 2 Uhr nachts mit einem Zehntonner. Der Lkw ist mit Gasflaschen beladen, weswegen die Sowjets nicht schießen. Die Männer durchbrechen alle vier Hindernisse. Die Gasflaschen waren leer.

Autoschmuggel

26. 12. 1964, Checkpoint Charlie

Ein scheinbar unverdächtiger BMW-Kleinstwagen Isetta wird zum erfolgreichen Fluchtfahrzeug für nacheinander neun Flüchtlinge. Batterie und Heizanlage werden ausgebaut, um Platz zu machen für je eine Person, die unbemerkt nach West-Berlin entwischt.

26. 12. 1965, Grenzübergang Heinrich-Heine-Straße
Zwei Brüder aus West-Berlin lernen im Osten zwei
junge Frauen kennen und wollen ihnen zur Flucht
verhelfen. Weihnachten reisen sie mit einem Ford
Taunus 17 M nach Ost-Berlin. In und unter den beiden durchgehenden Sitzbänken verstecken sich die
Frauen, doch den Grenzern fällt das auf. Am Steuer
versucht Heinz Schöneberger den Durchbruch, doch
die letzte Sperre hält ihn auf. Beim Versuch, zu Fuß
nach Westen zu kommen, wird er erschossen. Die
drei anderen werden verhaftet und zu Haftstrafen
verurteilt.

18. 8. 1989, Checkpoint Charlie
Ein DDR-Bürger aus Karl-Marx-Stadt überredet in
Ost-Berlin einen US-Soldaten, ihn und seine 7-jäh-
rige Tochter im Kofferraum seines Autos mit Alliier-
tenkennzeichen nach West-Berlin zu schmuggeln. Es
ist die letzte erfolgreiche Flucht aus der DDR vor dem
Mauerfall.

Eisenbahn

5. 12. 1961, Albrechtshof bei Spandau
Ein Lokführer lenkt einen fahrplanmäßigen Zug
vom Endbahnhof über eine letzte Gleisverbindung
weiter nach West-Berlin. Freunde und Verwandte
sind vorher zugestiegen. 25 Passagiere bleiben im

Westen, sieben kehren freiwillig zurück. Die Strecke wird am nächsten Tag unpassierbar gemacht.

Januar 1964, Bhf. Friedrichstraße
An mehreren Abenden flüchten zehn Ostberliner Oberschüler durch Aufspringen auf den Moskau-Paris-Express, bis die Sache auffliegt. Einer der Schüler stürzt, bricht sich die Beine und bringt so die Stasi auf seine Spur.

3. 3. 1982, S-Bahn-Gleise nahe Bhf. Bornholmer Straße
Per Notbremse stoppen zwei Flüchtlinge die S-Bahn, wo sie über Grenzgebiet fährt. Mit einer Leiter gelangen sie wohlbehalten über die Mauer nach West-Berlin.

Seil/Seilbahn

27. 12. 1962
Ein Hochseilartist spaziert auf einer Hochspannungsleitung in den Westen.

3. 3. 1965, Treptow
Ein 26-Jähriger aus Görlitz seilt sich von einer Wohnung an der Mauer ab, stößt sich von der Fassade ab und schwingt über die Mauer nach Westen. Er bricht sich dabei den Fußknöchel.

28. 7. 1965, Mitte
Vom Haus der Ministerien (heute Bundesfinanz-
ministerium) das an der Niederkirchnerstraße an
den Mauerstreifen grenzte, seilt sich ein Ehepaar in
23 Meter Höhe mit Hilfe von Fluchthelfern auf der
Westseite per Rolle und Tragegurt nach Kreuzberg
ab.

Geister-U-Bahn

Februar 1962, Noteinstieg U 8
Drei Familien verschaffen sich Zugang zu einem
Noteinstieg und halten einen Zug an, der sie mit nach
Westen nimmt.

27./28. 12. 1962, U-Bhf. Walter-Ulbricht-Stadion
(heute Schwartzkopffstraße)
Ein Unteroffizier der Grenztruppen flüchtet durch
den Tunnel nach Westen.

13. 2. 1963, U 8
In einem unbeobachteten Moment nutzt ein Gleis-
bauarbeiter den Einsatz im Tunnel zur Flucht. Der
Westberliner Bahnhof Moritzplatz ist nur ein paar
Schritte entfernt.

4. 4. 1963, S-Bhf. Potsdamer Platz
Ein Gefreiter der Grenztruppen springt, kurz unbeobachtet, auf die Gleise und läuft nach Westen.

Juni 1963, U 8

Ein Grenzsoldat läuft vom Bahnhof Heinrich-Heine-Straße durch den Tunnel zum Westbahnhof Moritzplatz. Zwei Kollegen auf der Suche nach ihm bleiben ebenfalls kurz entschlossen im Westen.

7./8. 10. 1963, U 8

Ein 18-jähriger Grenzsoldat verlässt seinen Posten und läuft unbeobachtet nach Westen.

9. 4. 1966, U-Bhf. Bernauer Straße

Ein Grenzsoldat nutzt eine Zugdurchfahrt, um auf der Gegenseite durch den Tunnel nach Wedding zu rennen.

8. 3. 1980, Waisentunnel

Ein ortskundiger Mitarbeiter der Ostberliner Verkehrsbetriebe führt seine Familie durch einen Verbindungstunnel vom Bahnhof der U 2 (Ost) in den Tunnel der Linie 8 (West), wo sie von einem Zug der Westlinie mitgenommen werden.

Durch die Luft

30. 8. 1978, Tempelhof

Ein Flugzeug der polnischen LOT muss unter Zwang in Tempelhof landen. Außer den beiden Entführern bleiben sechs weitere Flugreisende spontan im Westen.

15. 7. 1987, Beelitz
Ein 18-Jähriger fliegt mit einem tschechischen Trainingsflugzeug unter dem Radar nach West-Berlin.

Durchs Wasser

8. 6. 1962, Osthafen
Die Belegschaft des Ausflugsdampfers »Friedrich Wolf« nutzt einen Werfttermin zur Flucht. Abends alkoholisieren sie Kapitän und Maschinist, frühmorgens drehen sie kurz vor der Werft nach Kreuzberg ab, denn eine Schleuse gegenüber zum Landwehrkanal gehört bereits zu West-Berlin. Den massiven Beschuss der Grenzer von 135 Kugeln überstehen alle 14 Personen, darunter ein Baby, hinter Stahlplatten. Kapitän und Maschinist nehmen das Schiff wieder mit zurück in den Osten.

21. 11. 1963, Jungfernsee Potsdam
Im Taucheranzug und beschwert durch einen Bleigürtel, flieht Hubert Hohlbein (21) durch die eiskalte Spree nach Wannsee.

18. 8. 1977, Britzer Zweigkanal
Ein Mann taucht durch nach West-Berlin. Ein Gitter, das im Wasser Fluchten verhindern soll, überwindet er.

27. 9. 1988, Reichstagufer

Vier Personen schaffen es durch die Spree schwimmend nach West-Berlin.

Insgesamt nahm die Zahl der erfolgreichen Fluchten seit dem Mauerbau kontinuierlich ab.

Erfolgreiche Fluchten über die Berliner Mauer

Jahr	Anzahl
1962	2305
1963	640
1964	297
1965	259
1966	102
1967	87
1968	46
1969	46
1970	62
1971	45
1972	49
1973	95
1974	55
1975	46
1976	61
1977	159
1978	146
1979	93
1980	88

Jahr	Anzahl
1981	66
1982	44
1983	38
1984	46
1985	24
1986	10
1987	k. A.
1988	k. A.
1989	32
Gesamt	**4941**

Die DDR-Regierung wollte Fluchten unbedingt verhindern und schreckte dafür auch vor Toten nicht zurück. Bereits am 22. August 1961 sanktionierte das Politbüro-Mitglied Albert Norden den Einsatz der Schusswaffe gegen »Gesetzesbrecher«, während Erich Honecker am 20. September verfügte, gegen Verräter und Grenzverletzer sei die Schusswaffe anzuwenden. Das ging in die Dienstvorschriften der Grenztruppen ein und wurde immer wieder bestätigt. Wer sich den Anweisungen der Soldaten nicht fügte, auf Ruf nicht stehen blieb und offensichtlich die Grenze überwinden wollte, sollte mit Waffengewalt daran gehindert werden. Entsprechend war, so der DDR-Verteidigungsminister 1962, jeder Grenzsoldat zum ausgezeichneten Schützen auszubilden, damit »dieser in der Lage ist, jedes unbewegliche und sich bewegende Ziel mit dem ersten Schuss (Feuerstoß) bei Tag und Nacht zu vernichten«. Der Schusswaffengebrauch war als äußerste Maßnahme gedacht, »wenn alle anderen Maßnahmen erfolglos bleiben oder dann, wenn es auf Grund der Lage nicht möglich ist, andere Maßnahmen zu treffen«. Weil jeder Mauertote ein Imageproblem war, wurden zahlreiche Fälle vertuscht. Man belog die Familien oder zwang sie zum Schweigen, sogar Trauerfeiern wurden überwacht. Erst nach den tödlichen Kugeln auf Chris Gueffroy, dem letzten erschossenen Maueropfer, wurde der Schießbefehl Anfang April 1989 ausgesetzt. Noch heute wird gelegentlich behauptet, es habe keinen Schießbefehl gegeben – aber wie ein ehemaliger Grenzsoldat schrieb: »… Das Schießen an der Grenze war durch die entsprechenden Dienstanweisungen klar geregelt. Ebenso klar geht aus ihnen hervor, dass die tödliche Folge von Schüssen einkalkuliert war… Der Grenzer wusste: Ein toter Flüchtling war für ihn im Zweifelsfall besser als eine geglückte Flucht.«

Die ermittelten Todesopfer der Berliner Mauer

Name	Alter	Fluchtdatum	Art der Flucht	Todesursache
Rudolf Urban	47 Jahre	19. August 1961	Sprung aus Wohnung	verletzt, stirbt 17.9.61
Ida Siekmann	58 Jahre	22. August 1961	Sprung aus Wohnung	tödlich verletzt
Günter Litfin	24 Jahre	24. August 1961	schwimmend	erschossen
Roland Hoff	27 Jahre	29. August 1961	schwimmend	erschossen
Olga Segler	80 Jahre	25. September 1961	Sprung aus Wohnung	verletzt, stirbt 26.9.61
Bernd Lünser	22 Jahre	4. Oktober 1961	Sprung vom Hausdach	tödlich verunglückt
Udo Düllick	25 Jahre	5. Oktober 1961	schwimmend	ertrinkt angeschossen
Werner Probst	25 Jahre	14. Oktober 1961	schwimmend	erschossen
Lothar Lehmann	19 Jahre	26. November 1961	schwimmend	ertrunken
Dieter Wohlfahrt	20 Jahre	9. Dezember 1961	Fluchthelfer	erschossen
Ingo Krüger	21 Jahre	11. Dezember 1961	schwimmend	ertrunken
Georg Feldhahn	20 Jahre	19. Dezember 1961	schwimmend	ertrunken
Dorit Schmiel	20 Jahre	25. April 1962	zu Fuß	erschossen
Heinz Jercha	27 Jahre	27. März 1962	Fluchttunnel	erschossen
Philipp Held	19 Jahre	April 1962	schwimmend	ertrunken
Klaus Brueske	23 Jahre	18. April 1962	Grenzdurchbruch mit Lkw	erschossen

Name	Alter	Fluchtdatum	Art der Flucht	Todesursache
Peter Böhme	19 Jahre	18. April 1962	flüchtender Grenzsoldat	erschossen
Jörgen Schmidtchen	21 Jahre	18. April 1962	Grenzsoldat	erschossen
Horst Frank	19 Jahre	29. April 1962	zu Fuß	erschossen
Peter Göring	21 Jahre	23. Mai 1962	Grenzsoldat	erschossen
Lutz Haberland	24 Jahre	27. Mai 1962	zu Fuß	erschossen
Axel Hannemann	17 Jahre	5. Juni 1962	schwimmend	erschossen
Erna Kelm	53 Jahre	11. Juni 1962	schwimmend	ertrunken
Wolfgang Glöde	13 Jahre	11. Juni 1962	keine Flucht	Unfall mit Schusswaffe eines Grenzers
Reinhold Huhn	20 Jahre	18. Juni 1962	Grenzsoldat	erschossen
Siegfried Noffke	22 Jahre	28. Juni 1962	Fluchthelfer	erschossen
Herbert Mende	23 Jahre	8. Juli 1962	Festnahme im Grenzbereich	angeschossen, stirbt 10. 3. 1968
Peter Fechter	18 Jahre	17. August 1962	zu Fuß	angeschossen, verblutet
Hans-Dieter Wesa	19 Jahre	23. August 1962	flüchtender Grenzer	erschossen
Ernst Mundt	40 Jahre	4. September 1962	zu Fuß	erschossen
Günter Seling	22 Jahre	29. September 1962	Grenzsoldat	angeschossen, stirbt 30. 9. 1962

Name	Alter	Fluchtdatum	Art der Flucht	Todesursache
Anton Walzer	60 Jahre	8. Oktober 1962	schwimmend	erschossen
Horst Plischke	23 Jahre	19. November 1962	schwimmend	ertrunken
Otfried Reck	17 Jahre	27. November 1962	Geisterbahnhof	erschossen
Günter Wiedenhöft	20 Jahre	5./6. Dezember 1962	schwimmend	ertrunken
Hans Räwel	21 Jahre	1. Januar 1963	schwimmend	erschossen
Horst Kutscher	28 Jahre	15. Januar 1963	zu Fuß	erschossen
Peter Kreitlow	20 Jahre	24. Januar 1963	zu Fuß	erschossen
Wolf-Olaf Muszynski	16 Jahre	Februar 1963	schwimmend	ertrunken
Peter Mädler	19 Jahre	26. April 1963	schwimmend	erschossen
Siegfried Widera	22 Jahre	18. April 1963	Grenzsoldat	niedergeschlagen, stirbt 8. 9. 1963
Klaus Schröter	23 Jahre	4. November 1963	schwimmend	angeschossen, ertrunken
Dietmar Schulz	24 Jahre	25. November 1963	zu Fuß	tödlich verunglückt
Dieter Berger	24 Jahre	13. Dezember 1963	zu Fuß, möglicherweise verirrt	erschossen
Paul Schultz	18 Jahre	25. Dezember 1963	zu Fuß	erschossen
Walter Hayn	25 Jahre	27. Februar 1964	zu Fuß	erschossen
Adolf Philipp	20 Jahre	5. Mai 1964	Westberliner im Grenzgebiet	erschossen

Name	Alter	Fluchtdatum	Art der Flucht	Todesursache
Walter Heike	29 Jahre	22. Juni 1964	zu Fuß	erschossen
Norbert Wolscht	20 Jahre	28. Juli 1964	schwimmend	ertrunken
Rainer Gneiser	20 Jahre	28. Juli 1964	schwimmend	ertrunken
Hildegard Trabant	37 Jahre	18. August 1964	zu Fuß	erschossen
Wernhard Mispelhorn	18 Jahre	18. August 1964	zu Fuß	angeschossen, stirbt 20. 8. 1964
Egon Schultz	21 Jahre	5. Oktober 1964	Grenzsoldat	erschossen
Hans-Joachim Wolf	17 Jahre	26. November 1964	schwimmend	erschossen
Joachim Mehr	19 Jahre	3. Dezember 1964	zu Fuß	erschossen
Unbekannt	unbekannt	19. Januar 1965	schwimmend	ertrunken
Christian Buttkus	21 Jahre	4. März 1965	zu Fuß	erschossen
Ulrich Krzemien	24 Jahre	25. März 1965	schwimmend	ertrunken
Peter Hauptmann	26 Jahre	24. April 1965	keine Flucht	angeschossen, stirbt 3. 5. 1965
Dieter Brandes	18 Jahre	9. Juni 1965	zu Fuß	angeschossen, stirbt 11. 1. 1966
Hermann Döbler	42 Jahre	15. Juni 1965	gerät mit Boot auf Grenzgebiet	erschossen
Klaus Kratzel	25 Jahre	8. August 1965	zu Fuß	tödlich verunglückt

Name	Alter	Fluchtdatum	Art der Flucht	Todesursache
Klaus Garten	24 Jahre	18. August 1965	zu Fuß	erschossen
Walter Kittel	22 Jahre	18. Oktober 1965	zu Fuß	erschossen
Heinz Cyrus	29 Jahre	10. November 1965	Sprung aus Fenster	angeschossen, stirbt 11. 11. 1965
Heinz Sokolowski	47 Jahre	25. November 1965	zu Fuß	erschossen
Erich Kühn	62 Jahre	26. November 1965	zu Fuß	angeschossen, stirbt 3. 12. 1965
Heinz Schöneberger	27 Jahre	26. Dezember 1965	Fluchthelfer	erschossen
Willi Block	31 Jahre	7. Februar 1966	zu Fuß	erschossen
Jörg Hartmann	10 Jahre	14. März 1966	zu Fuß	erschossen
Lothar Schleusener	13 Jahre	14. März 1966	zu Fuß	erschossen
Willi Marzahn	21 Jahre	19. März 1966	zu Fuß	erschossen oder Selbstmord
Eberhard Schulz	20 Jahre	30. März 1966	zu Fuß	erschossen
Michael Kollender	21 Jahre	25. April 1966	zu Fuß	erschossen
Paul Stretz	31 Jahre	29. April 1966	von Westen in Grenzgewässer geschwommen	erschossen
Eduard Wroblewski	33 Jahre	26. Juli 1966	zu Fuß	erschossen

Name	Alter	Fluchtdatum	Art der Flucht	Todesursache
Heinz Schmidt	46 Jahre	29. August 1966	von Westen in Grenzgewässer geschwommen	erschossen
Andreas Senk	6 Jahre	13. September 1966	von Westen in Grenzgewässer gefallen	ertrunken
Karl-Heinz Kube	17 Jahre	16. Dezember 1966	zu Fuß	erschossen
Max Sahmland	37 Jahre	27. Januar 1967	schwimmend	angeschossen und ertrunken
Franciszek Piesik	24 Jahre	17. Oktober 1967	schwimmend	ertrunken
Elke Weckeiser	22 Jahre	18. Februar 1968	zu Fuß	erschossen
Dieter Weckeiser	25 Jahre	18. Februar 1968	zu Fuß	angeschossen, stirbt 19. 2. 1968
Bernd Lehmann	18 Jahre	28. Mai 1968	schwimmend	ertrunken
Siegfried Krug	28 Jahre	6. Juli 1968	keine Flucht	erschossen
Horst Körner	21 Jahre	15. November 1968	zu Fuß	erschossen
Rolf Henniger	26 Jahre	15. November 1968	Grenzsoldat	erschossen
Johannes Lange	28 Jahre	9. April 1969	zu Fuß	erschossen
Klaus-Jürgen Kluge	21 Jahre	13. September 1969	zu Fuß	erschossen
Leo Lis	45 Jahre	20. September 1969	zu Fuß	erschossen
Christel Wehage	23 Jahre	10. März 1970	Flugzeugentführung	Selbstmord

Name	Alter	Fluchtdatum	Art der Flucht	Todesursache
Eckhard Wehage	21 Jahre	10. März 1970	Flugzeugentführung	Selbstmord
Heinz Müller	27 Jahre	19. Juni 1970	gerät von Westen auf Grenzgebiet	erschossen
Willi Born	19 Jahre	7. Juli 1970	zu Fuß	Selbstmord bei Entdeckung
Friedhelm Ehrlich	20 Jahre	2. August 1970	zu Fuß	angeschossen, verblutet
Gerald Thiem	41 Jahre	7. August 1970	gerät von Westen auf Grenzgebiet	erschossen
Helmut Kliem	31 Jahre	13. November 1970	gerät auf Grenzgebiet	erschossen
Christian Peter Friese	22 Jahre	25. Dezember 1970	zu Fuß	erschossen
Rolf-Dieter Kabelitz	19 Jahre	7. Januar 1971	zu Fuß	angeschossen, stirbt 30.1.1971
Wolfgang Hoffmann	28 Jahre	15. Juli 1971	zu Fuß von Westen	tödlicher Sprung nach Festnahme
Werner Kühl	22 Jahre	24. Juli 1971	schwimmend von Westen	erschossen
Dieter Beilig	30 Jahre	2. Oktober 1971	Protestaktion von Westen	erschossen
Horst Kullack	23 Jahre	31. Dezember 1971	zu Fuß	angeschossen, stirbt 21.1.1972

Name	Alter	Fluchtdatum	Art der Flucht	Todesursache
Manfred Weylandt	29 Jahre	14. Februar 1972	schwimmend durch die Spree	angeschossen und ertrunken
Klaus Schulze	18 Jahre	7. März 1972	zu Fuß	erschossen
Cengaver Katranci	8 Jahre	30. Oktober 1972	fällt von Westen in Grenzgewässer	ertrunken
Holger H.	15 Monate	22. Januar 1973	im Auto	erstickt
Volker Frommann	28 Jahre	1. März 1973	zu Fuß	tödlich verletzt
Horst Einsiedel	33 Jahre	15. März 1973	zu Fuß	erschossen
Manfred Gertzki	30 Jahre	27. April 1973	schwimmend	angeschossen, ertrunken
Siegfried Kroboth	5 Jahre	14. Mai 1973	gerät von Westen in Grenzgewässer	ertrunken
Burkhard Niering	23 Jahre	5. Januar 1974	zu Fuß	erschossen
Czesław Jan Kukuczka	38 Jahre	29. März 1974	zu Fuß	angeschossen, stirbt
Johannes Sprenger	68 Jahre	10. Mai 1974	zu Fuß	erschossen
Giuseppe Savoca	6 Jahre	15. Juni 1974	gerät von Westen in Grenzgewässer	ertrunken
Herbert Halli	21 Jahre	3. April 1975	zu Fuß	erschossen

Name	Alter	Fluchtdatum	Art der Flucht	Todesursache
Cetin Mert	5 Jahre	11. Mai 1975	gerät von Westen in Grenzgewässer	ertrunken
Herbert Kiebler	23 Jahre	27. Juni 1975	zu Fuß	erschossen
Lothar Hennig	21 Jahre	4. November 1975	Grenzbewohner	angeschossen, stirbt 5.11.1975
Dietmar Schwietzer	18 Jahre	16. Februar 1977	zu Fuß	erschossen
Henri Weise	22 Jahre	Mai 1977	schwimmend	ertrunken
Ulrich Steinhauer	24 Jahre	4. November 1980	Grenzsoldat	erschossen
Marienetta Jirkowsky	18 Jahre	22. November 1980	zu Fuß	erschossen
Peter Grohganz	32 Jahre	zwischen 10. Dezember 1980 + 9. Februar 1981	schwimmend	ertrunken
Johannes Muschol	31 Jahre	16. März 1981	betritt von Westen Grenzgebiet	erschossen
Hans-Jürgen Starrost	25 Jahre	14. April 1981	zu Fuß	angeschossen, stirbt 16.5.1981
Thomas Taubmann	26 Jahre	12. Dezember 1981	zu Fuß	tödlich verunglückt
Lothar Fritz Freie	27 Jahre	4. Juni 1982	zu Fuß	angeschossen, stirbt 6.6.1982
Silvio Proksch	21 Jahre	25. Dezember 1983	zu Fuß	erschossen

Name	Alter	Fluchtdatum	Art der Flucht	Todesursache
Michael Schmidt	20 Jahre	1. Dezember 1984	zu Fuß	erschossen
Rainer Liebeke	34 Jahre	3. September 1986	schwimmend	ertrunken
René Groß	22 Jahre	21. November 1986	Durchbruch mit Lkw	erschossen
Manfred Mäder	38 Jahre	21. November 1986	Durchbruch mit Lkw	erschossen
Michael Bittner	25 Jahre	24. November 1986	zu Fuß	erschossen
Lutz Schmidt	24 Jahre	12. Februar 1987	zu Fuß	erschossen
Ingolf Diederichs	24 Jahre	13. Januar 1989	zu Fuß	tödlich verunglückt
Chris Gueffroy	20 Jahre	5. Februar 1989	zu Fuß	erschossen
Winfried Freudenberg	32 Jahre	8. März 1989	Ballonflucht	tödlich verunglückt

Todesstatistik

Todesopfer gesamt	**138**
Erschossen	99
Ertrunken	23
Tödlich verunglückt	13
Selbstmord	3
Flüchtlinge	100
Fluchthelfer	4
Grenzsoldat im Dienst	8
Frauen	7
Kinder	9
Westberliner/Westdeutsche	22
Durchschnittsalter	22

Nach der Wiedervereinigung kam es unter großer Aufmerksamkeit im Zuge der Aufarbeitung der Todesfälle an der Berliner Mauer und der deutsch-deutschen Grenze zu den »Mauerschützenprozessen«, in denen mehr als 100 Angeklagte verurteilt wurden. Die meisten Urteile wurden zur Bewährung ausgesetzt.

Mauerschützenprozesse

Anklagen	112	
Angeklagte	246	Schützen und Befehlshaber
Freisprüche	114	
Verurteilungen	132	10 Mitglieder der SED-Führung
		42 Mitglieder der Militärführung
		80 Grenzsoldaten

Strafmaß	6–24 Monate, meistens auf Bewährung	Grenzsoldaten als Todes-schützen
	20–30 Monate	Regimentskommandeure
	6–39 Monate	Chefs/Stellvertreter Grenz-kommandos/-brigaden
	12–78 Monate	Chef/Stellvertreter Grenz-truppen, Mitglieder NVA-Führung
	36–78 Monate	Mitglieder SED-Führung
	60–90 Monate	Mitglieder Nationaler Verteidigungsrat

Bis heute wird an die Mauertoten erinnert, deren individuelle Schicksale die Brutalität der Berliner Mauer eindrucksvoller dokumentieren als alles andere. An vielen Orten entlang der früheren Grenze stößt man auf Plaketten und Hinweisschilder, aber auch Denkmäler verschiedenster Art. Hier eine Auswahl:

Zehnmal Gedenken für die Mauertoten

Weiße Kreuze	Scheidemann-, Ecke Ebertstraße; Reichstagufer
Fenster des Gedenkens	Bernauer Straße
Gedenksäule Peter Fechter	Zimmerstraße
Gedenken an Günter Litfin	Grenzturm Kieler Eck
Gedenkort für Chris Gueffroy	Nobelstraße/Britzer Zweigkanal

Mahnmal Treptow	Kiefholzstraße
Gedenkstein für den unbekannten Flüchtling	May-Ayim-Ufer, Kreuzberg
Gedenktafel Heinz Jercha	Heidelberger, Ecke Elsenstraße
Gedenkanlage für die Maueropfer	Edelhofdamm, Ecke Oranienburger Chaussee
Denkmal für die Maueropfer	Straße des 17. Juni, Mittelstreifen

Freundwärts und feindwärts.
Immer an der Wand lang

»Seit Sonntag stehen in Berlin Grenzpfähle.
Die Bevölkerung der DDR schützt diese Pfähle,
weil diese Pfähle der Bevölkerung der DDR den
besten Schutz vor den westdeutschen Militaristen
bieten. Die Störenfriede in Schöneberg und Bonn
ereifern sich über diese Pfähle, weil ihnen diese
Pfähle unmissverständlich die Grenzen ihrer
Macht demonstrieren.«

DDR-Regierungszeitung Neues Deutschland,
17. August 1961

Es dauerte fünf Stunden, die Sektorengrenze zwischen Ost- und West-Berlin und die Stadtgrenze West-Berlins zum Brandenburger Umland abzuriegeln – im Ganzen besehen aber hatte die Mauer eine Bauzeit von 28 Jahren, 2 Monaten und 27 Tagen. Denn was am Anfang Stacheldraht war, wurde noch im August 1961 nach und nach befestigt, ausgebaut und unterhalten, und das weiter über die gesamte Zeit der Teilung. Natürlich betraf das nicht nur die Grenzmauer selbst, die mehrmals erneuert wurde. Die Betonteile, die Berlin-Touristen jetzt in Augenschein nehmen und die das Bild von der Grenze in Berlin bis heute prägen, wurden erst seit 1975 verwendet, man nennt diese Mauer die der vierten Generation. Immense Summen stellte die DDR-Regierung Jahr für Jahr bereit, um die »Staatsgrenze« immer unüberwindlicher zu machen. Immer wieder mussten andere Projekte des stets klammen Staates zurückstecken, denn die »Sicherung der Staatsgrenze« vor allem um West-Berlin hatte höchste Priorität. Bis heute ist die erste Assoziation beim Gedanken an die DDR fast immer die Mauer, aber auch für die Staatsführung war sie auf merkwürdige Art ein Symbol der Souveränität, die die DDR gar nicht besaß.

Die Mauer von Nord nach Süd

*Kilometer 1: Die Grenze durchschnitt das Naturschutz-
gebiet Tegeler Fließ, wo ein unverhältnismäßig großes
Wehr das Durchschwimmen verhindern sollte.*

*Kilometer 2: Weil der Grenzstreifen direkt an den
Friedhof Rosenthal grenzte, wurde ein Durchgang vermauert.*

*Kilometer 4: Diverse Sperranlagen sollten verhindern,
dass der die Mauer kreuzende Regenfluter Nordgraben
Fluchten ermöglicht.*

Meistens ist von den vier Mauern die Rede, die es tatsächlich gab, die sich aber zeitlich nicht so klar voneinander abgrenzen lassen. Die Grenzanlagen wurden nicht komplett neu gebaut, sondern nach und
nach erneuert. Und selbst die bekannteste »Grenzmauer 75«, die ab 1975 eingesetzt wurde, gab es
1989 nur auf einem Drittel der 160 Kilometer langen
Grenze. Bei der allerersten »Mauer« der Grenzschließung am 13. August 1961 handelte es sich ohnehin
»nur« um Stacheldraht.

Mauer 1	ab 15. August 1961	Beton- und Hohlblocksteine	innerstädtisch auf ca. 15 km
Mauer 2	ab 5. Septem- ber 1961	Schichtmauer aus Betonteilen	innerstädtisch auf ca. 5 km
Mauer 3	ab 1966	Betonplatten mit Scheitelrohr	1/3 der Gesamtlänge (25 km innerstädtisch)

| Mauer 4 | ab 1975 | Betonfertig-
teile mit
Scheitelrohr | 1/3 der Gesamtlänge
(30 km innerstädtisch) |

Die Grenzanlagen insgesamt hatten wiederum sechs
Bauphasen:

Phase 1	Juli – 22. August 1961	Zäune, Stacheldraht, Wach- postenketten
Phase 2	15./16. August – 5. September 1961	Mauer aus Betonteilen und Hohlblocksteinen
Phase 3	20. September 1961 – Mitte 60er Jahre	Beton-Schichtplatten, beräumter Todesstreifen mit Sperranlagen, Wachtürme aus Holz
Phase 4	März 1966 – Mitte 70er Jahre	Betonplattenmauer mit Scheitel- rohr, Lichttrasse, Kolonnenweg, Signalzaun, Wachtürme gemauert
Phase 5	1974/76 – 1989	»Grenzmauer 75«, Fertigbau- Wachtürme
Phase 6	1982/83 – 1989	bessere Optik für den Westen, Abbau von Panzersperren etc., zusätzlicher Hinterland- sicherungsstreifen

Die **erste Bauphase** der Mauer begann bereits im
Juli 1961, also vor der eigentlichen Grenzschließung.
Wann genau, ist unklar. Zunächst wurde die Stadt-
grenze zwischen West-Berlin und dem Umland mit

Drahtzäunen gesichert, wenn auch mehr provisorisch und symbolisch als fluchtverhindernd. Am 24. Juli wurde Parteichef Ulbricht gemeldet, 54,1 Kilometer seien bereits gesichert, 92,2 Kilometer fehlten noch. Ab Juni wurden die Kanalisation geprüft und Sicherungen verstärkt. Ab dem 13. August trat die innerstädtische Grenzsicherung hinzu – in drei Abschnitten Nord, Mitte und Süd liefen Wachposten auf, wurde von Betonpfosten zu Betonpfosten Stacheldraht verlegt; besonders rasch kamen die Arbeiten im Abschnitt Mitte voran. Gleichzeitig wurden Straßenbahnschienen herausgerissen, Straßenpflaster und Asphaltdecken aufgebrochen, um motorisierte Grenzdurchbrüche zu erschweren. Allerdings ging es insgesamt langsamer als geplant, weil das Material nicht ausreichte, was Flüchtlingen in dieser Phase noch Chancen bot.

Abschnitt	Verlauf	Führungsstelle
Nord	Lübars bis Prenzlauer Berg, Oderberger Straße	Schießplatz Schönholzer Heide
Mitte	Prenzlauer Berg, Oderberger Straße bis Spreeufer gegenüber Osthafen	Kaserne Am Kupfergraben
Süd	Treptow, Lohmühleninsel bis Waltersdorfer Chaussee	Sowjetisches Ehrenmal Treptow

Die Mauer von Nord nach Süd

Kilometer 5: Das Werksgelände »VEB Bergmann-Borsig« direkt am Grenzverlauf wurde weiterbetrieben, aber besonders gesichert. Ein Teil der Werksmauer wurde zur Grenzmauer, und einige Werkshallen wurden gekürzt, um Platz für die Grenzanlagen zu gewinnen.

Kilometer 7–9: Die Grenze verlief entlang der West-S-Bahn-Trasse nach Frohnau. Im Pankower Bereich des Bahnhofs Wollankstraße wurden für die Grenzanlagen Wohnhäuser abgerissen und die grenzseitigen Mauern weiß gestrichen, um Flüchtlinge nachts gut sehen zu können.

Kilometer 9: Der S-Bahnhof Wollankstraße stand westlich der Grenzanlagen, war aber noch auf Ostberliner Gebiet. Er war von Westen aus zugänglich und in Betrieb, der Zugang von Osten war vermauert.

Die **zweite Bauphase** lief an, sobald klargeworden war, dass die Westmächte nicht beabsichtigten einzugreifen. Bis zu 25 000 Einsatzkräfte waren damit beschäftigt. An der Westberliner Außengrenze wurden zwar die Zäune verstärkt und nach und nach ein beräumter Todesstreifen geschaffen, aber der Schwerpunkt lag auf der Innenstadtgrenze. Erneut verzögert durch Materialmangel, wurde der Stacheldraht durch Betonteile ersetzt, erhöht durch Hohlblocksteine und bekrönt durch Stacheldraht. Der war nach Möglichkeit Y-förmig angebracht, um das Überklettern zu erschweren. Vorhandene Mauern wurden integriert. Wo die Grenzlinie an Fassaden entlang verlief und die Häuser der Flucht dienten, wurden ab dem 19. August Türen und Fenster vermauert und gesichert, die Bewohner umgesiedelt. Mitte der 60er Jahre wurden die Häuser abgerissen. Straßenlaternen unterstützte man durch zusätzliche Beleuchtung, wenn es nötig war. Erste Sichtstreifen wurden angelegt und die ersten Wachtürme errichtet. »Freundseitig«, also auf Ostberliner Seite, wurden Mauerabschnitte geweißt, um Flüchtlinge besser erkennen zu können. Weit im Norden und Süden zogen die Einsatzkräfte zweite Zaunreihen, stadtweit wurden Tunnel und Kanalisation vermauert oder vergittert, Kanaldeckel versperrt. In der letzten Augustwoche wurde mit der Errichtung eines zweiten Grenzzauns, der späteren Hinterlandmauer, begonnen, so dass ein breiter Grenzstreifen entstand, der Anfang September von Nord nach Süd quer durch die Stadt fertiggestellt war. Auf der Grenzlinie verlief mit Ende des zweiten Bauabschnitts zwischen Nordgraben in Wilhelmsruh und Schillingbrücke in Friedrichshain eine Mauer, sonst waren es Zäune. Zusätzlich war die Räumung eines Sicherheitsstreifens vor der Grenze im Gang, die nicht nur Häuser, sondern auch Industrie- und Gewerbeanlagen oder Friedhöfe betraf.

Die Mauer von Nord nach Süd

Kilometer 10: Die Bösebrücke war geteilt und gehörte zum Übergang Bornholmer Straße, der am 9. November 1989 als erster geöffnet wurde. Am Nordrand der Bornholmer Straße verläuft zwischen Brücke und Björnsenstraße noch ein Stück Hinterlandmauer.

Kilometer 11: In der »Ulbrichtkurve« fuhren auf beiden Seiten der Mauer West- und Ost-S-Bahnen kurz nebeneinander beidseits der Mauer, die hier mit 5,40 Meter am höchsten war. Im Mauerpark auf dem ehemaligen Todesstreifen lässt sich noch nachvollziehen, dass die Hinterlandmauer direkt ans Friedrich-Ludwig-Jahn-Stadion grenzte. Sie war daher besonders hoch und massiv.

Kilometer 12: Wegen des soliden Untergrunds wurden auf diesem Abschnitt in den 60er Jahren besonders viele Fluchttunnel gegraben, durch die mehrere Dutzend Menschen nach Westen flohen.

In der **dritten Bauphase** wurden Provisorien ersetzt und die Mauer mit massiveren Betonteilen unterschiedlicher Fabrikation wehrhafter gemacht – weil weiterhin zahlreiche Fluchtversuche stattfanden und häufig gelangen. Die Betonplatten wurden zwischen Betonstielen eingesetzt und waren meist 6 bis 10 cm dick. Vor allem Grenzdurchbrüche mit Fahrzeugen sollten verhindert werden, wofür die Mauer vielerorts verstärkt, Sperrgräben ausgehoben und Panzersperren aufgestellt wurden. Letztere schienen der DDR-Führung geboten, nachdem am Checkpoint Charlie Ende Oktober 1961 erstmals Panzer aufgerollt waren. Außerdem wurden Postenhäuser und kleine Bunker errichtet und 10 Meter hohe hölzerne Wachtürme aufgestellt. Wo die Grenze in oder an Gewässern verlief, wurden Stacheldrahtgitter angebracht. Gleichzeitig sollte das Erscheinungsbild der Grenze geschlossener werden.

Die Mauer von Nord nach Süd

Kilometer 13: Jahrelang sah man hier noch Häuserfronten wie kariöse Zähne, abgebrochen bis zum ersten Stock. Die »Ruinen« fungierten als Grenzmauer. Bis 1985 stand mitten im Grenzgebiet die Versöhnungskirche, die schließlich gesprengt wurde.

Kilometer 14: Die alte Backsteinmauer des Nordbahnhofs wurde entlang der Gartenstraße zur Grenzmauer. Hier fuhr die Westberliner S-Bahn oberirdisch ein Stück auf Grenzgebiet.

Kilometer 15: Entlang der Liesenstraße wurde ein Teil des Friedhofsgeländes zur Anlage des Todesstreifens planiert.

Im Herbst 1961 wurden die Grenztruppen gegründet, denen Erich Honecker am 20. September 1961 erstmals einen Schießbefehl gegen Grenzverletzer erteilte.

Erstausrüstung Grenztruppen (innerdeutsche Grenze und Berliner Mauer)

- 38 318 Mann
- über 70 Panzer
- 373 Schützenpanzerwagen
- 2813 leichte Maschinengewehre
- 2784 Panzerbüchsen
- 274 rückstoßfreie Geschütze
- 144 Kanonen

Ein Sperrgebiet freundwärts entlang der Grenze wurde ausgewiesen, das nicht jedermann betreten durfte, Grenzübergangsstellen wurden besser gesichert. 1965 waren 15 Kilometer, also ein Drittel der innerstädtischen Grenze, als Mauer ausgeführt. Es gab fast 170 Wachtürme und über 200 Bunker. Außerdem hatte man im bis zu 20 Meter breiten Grenzstreifen zahlreiche Sperrelemente platziert und über 100 Hundelaufanlagen eingerichtet, wo das Gelände besonders unübersichtlich war. Streckenweise bestand nun auch ein Postenweg, der aber noch nicht durchgehend verlief. Um auf Ostberliner Seite im Innenstadtbereich die Grenzanlagen vor neugierigen – und aufschlussreichen – Blicken zu schützen, wurden vielerorts Sichtblenden, meist aus Holz, angebracht. An der Westberliner Außengrenze blieb es zwar bei den jetzt bis zu zwei Meter hohen Grenzzäunen mit

Pfosten aus Holz, Stahl oder Beton, sie wurden aber nach und nach zweireihig ausgeführt. An besonders gefährdeten Abschnitten des Grenzstreifens wurden weitere Panzersperren aufgestellt.

Die Mauer von Nord nach Süd

Kilometer 16: Ein verbliebener Wachturm an der Kieler Straße ist längst von Neubauten umstellt. Die Mauer verlief am Kanal entlang, der zu Ost-Berlin gehörte und mit Booten bewacht wurde.

Kilometer 17: Die Stadtbahnstrecke bis zum Bahnhof Friedrichstraße wurde besonders gut gesichert, um Fluchten zu verhindern. Da die Grenzlinie am Reichstag die Spree kreuzte, gab es eine Grenzübergangsstelle für den Schiffsverkehr und im Wasser Sperranlagen.

Kilometer 18: Das Brandenburger Tor und der fast leergeräumte Pariser Platz gehörten zum unzugänglichen Todesstreifen. Auf der Westseite verlief die Mauer in einem Bogen und war hier niedriger als üblich, um von Westen den Blick auf das Berliner Wahrzeichen zu ermöglichen. Weil die Mauerkrone breiter und eben war, tanzten hier noch in der Nacht des Mauerfalls Menschen auf der Mauer.

In der **vierten Bauphase** wurden die Grenzanlagen vereinheitlicht, übersichtlicher gestaltet und erneut verbessert, insbesondere in der technischen Ausstattung. Die Schichtplatten wurden durch vorgefertigte Betonplatten ersetzt, von denen zwei bis drei von 1 bis 1,50 Meter Höhe übereinander eingesetzt wurden. Scheitelrohre aus Asbest als Mauerkrone dienten als Witterungsschutz und erschwerten das Überklettern, weil sie keinen Halt boten. Dafür entfiel der Stacheldraht auf der Mauerkrone. Der vollständig geräumte und planierte Grenzstreifen dahinter wurde nun nach gleichem Muster gestaffelt: Panzersperre oder Sperrgraben, Kontrollstreifen mit geharktem Sand, Lichttrasse, 3 Meter breiter Kolonnenweg aus Betonplatten mit Asphaltauflage, Wachturm, Bunker. Zusätzlich konnte das Ganze noch verstärkt sein durch Flächensperren (Stalinrasen), Hundelaufanlagen, Signalzäune und die Hinterlandmauer. Auf der Ostseite wurde der Todesstreifen jetzt wie feindwärts vermehrt mit einer Mauer abgeschlossen, baugleich zur Grenzmauer, aber ohne Scheitelrohr. Dies blieb allerdings Stückwerk, Zäune und Bestandsmauern wurden weiter genutzt, während die Grenzmauer nun überall gleich aussah. Die alte Grenzmauer aus Beton- und Hohlblocksteinen verschwand. Aufgerüstet wurde auch unterirdisch: In der Kanalisation wurden Sperren aus Eisenbahnschienen eingesetzt und alarmgesichert. In Grenznähe wurde der Zugang zur Kanalisation zusätzlich gesichert.

Die Mauer von Nord nach Süd
Kilometer 19: Am Potsdamer Platz lagen S- und U-Bahnhof im Grenzbereich und waren unzugäng-

lich; während Züge der West-S-Bahn den S-Bahnhof
als Geisterbahnhof ohne Halt durchfuhren, war der
U-Bahnhof stillgelegt.
Kilometer 19/20: Zwischen Potsdamer Platz und
Checkpoint Charlie patrouillierte eine Hundestaffel, die
Tiere rannten angeleint an einer Stange daran entlang.
Kilometer 20: An der Zimmerstraße erinnert eine Ge-
denksäule an Peter Fechter, der hier bei seinem Flucht-
versuch 1962 angeschossen auf dem Todesstreifen zu-
sammenbrach und jämmerlich verblutete, weil Hilfe
ausblieb.

Als Hindernis für Fahrzeuge kamen außer Gräben verschiedener Ausführung und Panzersperren auch Seilsperren und Betonhöckersperren zum Einsatz. Der Sandstreifen, auf dem sich Fußspuren von Flüchtlingen abzeichnen sollten, war zwei bis sechs Meter breit. Am mit Bedacht verlegten Stalinrasen, Metallplatten mit spitzen Stahldornen, scheiterten viele Flüchtlinge, wenn sie von der Krone der Hinterlandmauer hinuntersprangen. Die Lichttrasse aus Peitschenlampen gab es jetzt auf der gesamten Länge der Grenze. Die Lampenmasten markierten außerhalb den Bereich, den Grenzsoldaten betreten durften; einen Schritt weiter feindwärts galten sie als Grenzverletzer. Die Signalzäune standen unter leichter Spannung und lösten Alarm aus, wenn ihre Drähte durchschnitten wurden oder sich berührten.

Der Alarm erfolgte als Hupen oder Blinken, mitunter wurde automatisch Signalmunition abgefeuert. Auch konnten Suchscheinwerfer so eingerichtet werden, dass sie den entsprechenden Abschnitt automatisch ins Visier nahmen.

An der Außengrenze kam eine Mauer weiterhin nur abschnittsweise vor, aber der Grenzstreifen wurde zum Teil auf bis zu 100 Meter erheblich verbreitert. Als Grenzzaun kam häufiger Streckmetallzaun zum Einsatz, der nicht mit einer Drahtschere geöffnet werden konnte. Das Hindurchkriechen erschwerten vergrabene Betongittersteine, gegen ein Überklettern wurde der Zaun scharfkantig oder mit Metallspitzen ausgeführt.

Die Mauer von Nord nach Süd
Kilometer 21: Ein Grenztruppendenkmal erinnerte an den Grenzsoldaten Reinhold Huhn, die heutige Krausenstraße war nach ihm benannt. 1962 erschoss ihn ein Fluchthelfer, der Flüchtende durch einen Tunnel lotste.
Kilometer 22: Hier grenzte die Turnhalle einer Schule direkt an den Grenzstreifen. Die Fenster des Gebäudes wurden als Teil der Vorfeldsicherung vergittert.
Kilometer 23: Auf dem Gelände der einstigen Grenzübergangsstelle Heinrich-Heine-Straße befindet sich heute ein Supermarkt, entlang der Mauerlinie an der Sebastianstraße wurde die Blockrandbebauung wiederhergestellt.

Da sich der Unterhalt der bestehenden Grenzanlagen als höchst aufwendig erwies, wurden in **Bauphase 5** 1974 Veränderungen geplant, im Jahr darauf festgelegt und ab 1976 in zunächst fünf Abschnitten zwischen Brandenburger Tor und Schillingbrücke umgesetzt. Wichtigste und sichtbarste Neuerung war die neue »Grenzmauer 75«, die nicht nur besser instand zu halten, sondern auch massiver und schwerer zu überwinden war. Sie wurde unter größter Geheimhaltung entwickelt und getestet. Im Allgemeinen L-förmig, waren die »Winkelstützwandelemente« aus östlicher Richtung selbst mit schweren Fahrzeugen kaum zu durchbrechen, wenn der längere Teil des Mauerfußes freundwärts ausgerichtet war. Außerhalb Berlins testeten die Grenztruppen über Monate, ob die neue Mauer ihren Zweck auch erfüllte.

Prüfung der neuen Grenzmauer 75

- Übersteigen
- Untergraben
- Durchbruch per Lkw bei bis zu 30 km/h
- Sabotage durch schweres Werkzeug
- Umstürzen durch 5–12 Personen
- Sabotage durch Sprengstoff

Die Mauer von Nord nach Süd

Kilometer 24: Das Engelbecken zwischen Mitte und Kreuzberg war Grenzbereich, mitten auf der Fahrbahn des Leuschnerdamms verlief die Grenzmauer. Der heutige Park unter Straßenniveau, ein ehemaliger Kanal, wurde zugeschüttet und zum Grenzstreifen ausgebaut.

Kilometer 25–26: Die East-Side-Gallery am Nordufer der Spree war eigentlich die Hinterlandmauer, eine Grenzmauer gab es hier nicht, weil die Spree bereits zu Ost-Berlin gehörte.

Kilometer 27: Sperranlagen in der Spree dienten der Zollabfertigung einer Grenzübergangsstelle für den Schiffsverkehr – und gleichzeitig als Durchfahrtssperre wegen einer Wasserverbindung zum Westberliner Landwehrkanal.

Die Tests verliefen zufriedenstellend, daneben erwies sich die Grenzmauer 75 wie erwünscht als solide, leicht auf- und abzubauen und im Aussehen passabel bei weißem oder grauem Anstrich, der alle drei bis vier Jahre erneuert werden musste. Ab April 1976 wurde ein erster Probeabschnitt von 5 km Länge errichtet, dann wurde beschlossen, mit der neuen Mauer alle Provisorien zu beseitigen, die noch immer bestanden.

Testweise Einführung der Grenzmauer 75

1. 12.–30. April 1976   Brandenburger Tor bis Köthener Straße

2. 7.–14. Mai 1976   Wilhelmstraße bis Checkpoint Charlie

3. 19. Juli–13. August 1976   Lindenstraße bis Grenzübergang Heinrich-Heine-Straße

4. 5.–17. Juli 1976   Heinrich-Heine-Straße bis Bethaniendamm

5. 24. Mai–15. Juni 1976   Bethaniendamm bis Schillingbrücke

Die neue Mauer wurde freundwärts bis zu fünf Meter vor dem eigentlichen Grenzverlauf errichtet, was die Wartung auf Feindseite erleichterte und westliche Saboteure abschrecken sollte, die für Attacken Ostgebiet betreten mussten. Niedrige Wartungstüren ermöglichten das Übertreten zur anderen Seite, zwei unabhängige Sicherheitsschlösser sollten verhindern, dass sie zu Schlupflöchern insbesondere von Grenzsoldaten wurden.

Grenzmauer 75

- ca. 45 000 standardisierte Fertigbauelemente
- Herkunft Fertigteilproduktion für Agrarwirtschaft
- mindestens 3 m hoch, meist 3,60 m
- Breite 1,20 m
- Gewicht 2,75 t
- Stärke 22,5 cm, sich nach oben verjüngend
- Faserzementrohr 40 cm Durchmesser, bis 4 m lang, geschlitzt und aufgestülpt
- L-förmig, seltener T-förmig
- kein Fundament nötig
- Unterkriechschutz
- Übergreifschutz
- Segmente untereinander verschweißt
- wartungsfreundlich
- feindwärts glatte Oberfläche gegen Sabotage
- 35 Wartungstüren (»Agententüren«)
- einheitliches geschlossenes Aussehen
- witterungsbeständiger Anstrich
- schnell aufzubauen
- Kosten: ca. 740 000 DDR-Mark pro km

Die Mauer von Nord nach Süd

Kilometer 28: An der Heidelberger Straße zwischen Treptow und Neukölln gehörten die Häuser der Nordseite zu Ost-, die der Südseite zu West-Berlin. Aus Platzmangel und gegen Fluchttunnel wurde in den

70er Jahren ein trichterförmiger Graben ausgehoben, später wurden angrenzende Häuser gesprengt.

Kilometer 29: Güterzüge zum Westberliner Görlitzer Bahnhof, der bis in die 70er Jahre betrieben wurde, kamen aus Neukölln und fuhren ein Stück über Ostgebiet, das daher besonders gesichert wurde.

Kilometer 31: Der S-Bahn-Ring um die Berliner Innenstadt wurde mit dem Mauerbau unterbrochen. Auf dem Verbindungsstück zwischen Köllnische Heide in Neukölln und Baumschulenweg in Treptow wurden erst die Gleise abgebaut, dann sogar der Bahndamm abgetragen.

Der Todesstreifen wurde beim Ausbau vielerorts erweitert und radikal beräumt – hochgiftiges Unkrautvernichtungsmittel machte jeglicher Spontanvegetation den Garaus. Einige der neuen viereckigen Wachtürme wurden als Kommandostellen ausgerüstet. Außerdem wurden der Signalzaun auf schließlich 130 km und der Kolonnenweg auf 121 km ausgebaut. Die Lichttrasse wurde auf die Gesamtlänge der Mauer ausgeweitet. Insgesamt rüstete man viele Anlagen auf, etwa mit Fernsprechanlagen entlang dem Kolonnenweg in regelmäßigen Abständen. Zur besseren Kommunikation wurde ein Grenzmeldenetz aufgebaut. Die Ausstattung mit beständigerem Material und modernerer Technik kollidierte aber immer wieder mit Liefer- und Produktionsengpässen, außerdem waren die Signalzäune wartungsintensiv und störungsanfällig.

Die runden Wachtürme wurden nach und nach durch den rechteckigen Typ BTv ersetzt. Jeweils 15 bis 20 Türme wurden von Führungsstellen geleitet, die größer waren und besser ausgestattet. Neben Toiletten verfügten sie meist auch über Arrestzellen und einen Bereitschaftsraum mit zwei Doppelstockbetten sowie einen Suchscheinwerfer, der auf dem Dach über dem Führungsraum angebracht war. Noch vorhandener Hinterlandzaun wurde nach und nach durch eine Mauer ersetzt, allerdings überwiegend mit Betonfertigteilen aus dem Material der ersetzten Grenzmauer, jetzt aber mit Stahlträgern. Die East-Side-Gallery, die ja die Hinterlandmauer war, stellt eine Ausnahme dar und wurde als Grenzmauer 75 ausgeführt. Freundwärts wurde das Hinterland der Grenze auf Ostberliner Seite als »Tiefensicherungszone« besser gesichert, etwa mit Zäunen, erhöhten Mauern, weißen Markierungen und stärkerer Ausleuchtung bei Nacht. Die Außengrenze wurde zwar ebenfalls ausgebaut, behielt aber ganz überwiegend ihr uneinheitliches Aussehen.

Die Mauer von Nord nach Süd
Kilometer 32: Hindernisse gegen Grenzdurchbrüche gab es im Rahmen der Vorfeldsicherung meist mit Blumenschalen aus Beton, die – mitten auf der Fahr-

bahn platziert – entschleunigend wirkten. Am Hei-
dekampweg gab es eine Baumsperre aus Pappeln, die
demselben Zweck diente, aber für den Innenstadtbe-
reich eine Ausnahme darstellte.
Kilometer 33: Nicht weit vom Grenzübergang Sonnen-
allee gab es am Britzer Zweigkanal eine weitere Über-
gangsstelle für Schiffe. Nicht weit entfernt wurde zum
letzten Mal ein Fluchtversuch mit Schusswaffe ver-
eitelt: Im Februar 1989 starb hier der 20-jährige Chris
Gueffroy, nach dem eine Straße benannt wurde.
Kilometer 35/36: Die Autobahn am Teltowkanal wurde
nach 2000 auf dem Verlauf des Todesstreifens gebaut.
Der Kanal gehörte bereits zu West-Berlin.

In den 80er Jahren gaben politische Erwägungen den
Anlass für die **6. Bauphase** der Berliner Mauer – im
Sinne eines verbesserten internationalen Ansehens
der DDR. Intern sprach man davon, die Grenzanlagen »optisch humanitär« wirken zu lassen, natürlich
ohne sie durchlässiger zu machen. Neben der Optik
ging es darum, Flüchtlinge da aufzugreifen, wo es aus
Richtung Westen nicht bemerkt werden konnte. Dafür wurden, vor allem im innerstädtischen Bereich,
Anlagen rückgebaut, etwa Panzersperren entfernt
und Sperrgräben zugeschüttet, aber auch Wachtürme
äußerlich aufgehübscht und gärtnerische Maßnahmen ergriffen.

Aus einer Studie des Militärtechnischen Instituts der NVA, 10. Januar 1989: *Der Forderung ›Aussehen‹ ist gegenüber der Forderung Sperrwert der Vorrang einzuräumen.*

Zum Ausgleich begradigte man den Todesstreifen weiter und zog eine zweite Sicherungslinie mit hinterem Postenweg noch vor der Hinterlandmauer, die jetzt zunehmend als Grenzmauer 75 ausgeführt wurde. Abschnittsweise wurde eine zweite Lichttrasse dort eingerichtet. Außerdem verbesserte man die Tiefensicherung insgesamt, unter anderem durch ein rotweiß gestrichenes Sperrgeländer. Kontrastfelder dienten dazu, Flüchtlinge frühzeitig zu erkennen. Der Signalzaun wurde technisch aufgerüstet, war aber weiterhin nicht durchgängig. Gab die Anlage Alarm, sollte das künftig vom Westen unbemerkt bleiben.

Dramatisch wirkt bis heute die schon erwähnte Sprengung der Versöhnungskirche an der Bernauer Straße 1985, aber auch anderswo wurden Bauten und Ruinen im Grenzgebiet entfernt, beispielsweise 1984 die Ruinen des Hotel Adlon am Pariser Platz. Dort wurde an der Ecke Wilhelmstraße ein »Schmuckzaun« gezogen und das Erscheinungsbild am Brandenburger Tor insgesamt verbessert durch »Ordnung, Sauberkeit und ein niveauvolles Aussehen«, wie es bei den Grenztruppen hieß. An vielen Stellen der innerstädtischen Grenze wurden zur Verschönerung zahlreiche Brandmauern verkleidet. Sogar Wohnanlagen wurden grenznah errichtet, vorzugsweise in Sichtweite des Westens, etwa auf der Westseite der Otto-Grotewohl-, heute Wilhelmstraße. Im Zuge von Gebietstausch mit West-Berlin wurde sogar der Grenzverlauf an mehreren Stellen begradigt. Die martialisch wirkenden Panzersperren, die Berlinbesucher aus westlicher Seite von Plattformen aus sehen konnten, verschwanden komplett zugunsten von schweren Blumenschalensperren freundwärts vor der Hinterlandmauer, ebenso wurden Hundelaufanlagen und Bunker entfernt sowie Sperrgräben verfüllt. Im Ergebnis wirkte der Grenzstreifen im Vergleich zu früher leer und weniger brutal, gleichzeitig boten sich den Grenztruppen bessere Sicht und freies Schussfeld. Auch Kameraüberwachung wurde in Betracht gezogen, aber wohl nicht mehr eingerichtet.

Insgesamt wurden nur gut 50 Kilometer der Berliner Grenzanlagen gemäß den Bauphasen 5 und 6 ausgeführt. Das hatte sicher auch finanzielle Gründe, denn allein für das Material waren für die modernisierte Grenze rund 300 Mio. DDR-Mark zu veranschlagen, die Gesamtkosten werden auf ca. 1 Mrd. DDR-Mark geschätzt. 1988 begannen außerdem langfristige Planungen für die »Hightech-Mauer 2000«, die mit elektronischer Überwachung das Grenzregime optimieren sollte. Die erwogene Technologie reichte von verbesserter Sperrwirkung durch

Impulsspannungsgeräte bis zu seismischen Sensoren und Mikrowellenschranken. Auch neue Wachtürme wurden entwickelt, jedoch nicht mehr eingesetzt. Eine bessere Wirkung erhoffte man sich auch durch Bepflanzungen, feste Sperrbauten wollte man von harmlos wirkenden Hecken überwachen lassen.

Die Mauer von Nord nach Süd

Kilometer 40: Ungefähr auf Höhe des südlichen Tunneleingangs der Autobahn verlief quer, zwischen Rudower Höhe auf der Westseite und Friedhof Altglienicke auf der Ostseite, lange vor dem Mauerbau, in den 50er Jahren ein Spionagetunnel der Briten und Amerikaner. Unter der Schönefelder Chaussee zapften sie Telefonkabel der Sowjets an. Obwohl die Russen durch den britischen Topspion George Blake von Anfang an Bescheid wussten, warteten sie auf eine günstige Gelegenheit, um den Tunnel medienwirksam zu »entdecken«.

Kilometer 41: Um dort, wo ein Mauerdurchbruch mit geeigneten Fluchtfahrzeugen möglich schien, Fluchtversuche zu vereiteln, wurden am Nibelungenweg wie an vielen anderen Stellen Blumenschalensperren aus Beton aufgestellt.

Kilometer 42: Die Grenzübergangsstelle an der Waltersdorfer Chaussee war ausschließlich für Westreisende des nahen DDR-Flughafens Schönefeld vorgesehen. Auf der Westseite diente eine Wendeschleife einer Buslinie zur Umkehr.

Die Berliner Mauer zum 31. Juli 1989

Länge der innerstädtischen Sektorengrenze	43,1 km
Länge der Westberliner Außengrenze	111,9 km
Gesamtlänge	**155,0 km**
Betonplatten mit Rohrkrone	106,0 km
Kfz-Sperrgräben	105,5 km
Kolonnenweg	124,3 km
Metallgitterzaun	66,5 km
Signalzaun	127,5 km
Beobachtungstürme	302
Bunker	20
Hundelaufanlagen	259

Anfeinden, Abfinden und Absprechen

»Vor zweitausend Jahren war der stolzeste Satz,
den ein Mensch sagen konnte, der: Ich bin ein
Bürger Roms. Heute ist der stolzeste Satz, den
jemand in der freien Welt sagen kann: Ich bin ein
Berliner. (…) Alle freien Menschen, wo auch immer
sie leben mögen, sind Bürger dieser Stadt West-
Berlin, und deshalb bin ich als freier Mann stolz
darauf, sagen zu können: Ich bin ein Berliner.«

*US-Präsident John F. Kennedy vor dem
Schöneberger Rathaus, 27. Juni 1963*

Kann man sich an eine so krass geteilte Stadt gewöhnen? Wer dies 1960 gefragt worden wäre, hätte wohl rundheraus verneint, und auch im Rückblick ist es schwer vorstellbar, selbst mit dem Wissen, dass es bis vor gerade mal dreißig Jahren genau so war. Doch trotz der Teilung über Nacht und eines länger nachwirkenden Schocks setzte schließlich ein allmählicher Gewöhnungsprozess ein. Ost-Berlin mochte sich damit trösten, zur sozialistischen Hauptstadt ausgebaut und bevorzugt behandelt zu werden. Ostberliner Stadtpläne degradierten West-Berlin zur grauen Randfläche. Die Westberliner entwickelten zu ihrer Frontstadt-Mentalität ein Inselgefühl, und manche ignorierten die Mauer sogar so sehr, dass sie sie nie zu Gesicht bekamen. Andere bemalten und besprayten sie, um ihr etwas von ihrer Brutalität zu nehmen. Über die Jahrzehnte wurde die Grenze auf ihrer Westseite auch ein viele Kilometer langes Gesamtkunstwerk.

Die Wunde der Teilung verschorfte, aber sie blieb. Wut und Entrüstung im Sommer 1961 wichen der Resignation, dann der Gewöhnung und dem Versuch, die Teilung der Stadt wenigstens erträglicher, die Mauer also durchlässiger zu machen. Immer wieder aber standen dem Statusfragen entgegen. Die DDR wollte die Mauer als Staatsgrenze, Ost-Berlin als DDR-Hauptstadt und die DDR-Staatsangehörigkeit anerkannt sehen. Gleichzeitig wandte sie sich, unter Verweis auf den Sonderstatus der alliierten Stadt, gegen die Bonner Politik, West-Berlin enger an die Bundesrepublik anzubinden. Als 1965 der Bonner Bundestag eine Plenarsitzung in West-Berlin abhalten wollte, sperrte die DDR die Transitstrecken und ließ Flugzeuge über der Stadt die Schallmauer durchbrechen. 1968 führte sie den Pass- und Visumszwang auf den Transitstrecken ein, was zu langen Staus an den Übergangsstellen und vielerlei Schikanen führte.

Während Bundesbürger nach dem Mauerbau weiterhin Ost-Berlin besuchen konnten, blieb die Mauer für Berliner beider Seiten für Jahre fast unüberwindbar. Wer daran die Schuld trug, war eine Frage der Perspektive. Die DDR wollte in West-Berlin Reisebüros eröffnen, um die Passierschein-Formalitäten abzuwickeln, was der Senat ablehnte. Auch Versuche, wenigstens für Feiertage getrennten Familien ein Wiedersehen zu ermöglichen, scheiterten an Verfahrensfragen. Auf keinen Fall wollte der Westen DDR-Hoheitsakte auf seinem Gebiet zulassen. Für ein **erstes Passierscheinabkommen 1963** einigte man sich schließlich darauf, dass DDR-Postler in West-Berlin die Anträge entgegennahmen, die dann in Ost-Berlin bearbeitet und wiederum in West-Berlin ausgegeben wurden. In vorweihnachtlicher Kälte standen Westberliner in endlosen Schlangen stundenlang an, um nach mehr als zwei Jahren über die Feiertage ihre Familien endlich wiederzusehen.

1 242 800 Menschen nutzten die zwei Wochen. Ab
1964 konnten Westberliner fünfmal jährlich Verwandte auf der anderen Seite der Mauer besuchen.

Zeitraum	Besucherzahl	Reisegrund
19. 12. 1963 – 05. 01. 1964	1 242 800	Familienbesuch
30. 10. 1964 – 12. 11. 1964	571 000	Familienbesuch
19. 12. 1964 – 03. 01. 1965	823 500	Familienbesuch
12. 04. 1965 – 25. 04. 1965	581 500	Familienbesuch
31. 05. 1965 – 13. 06. 1965	498 500	Familienbesuch
18. 12. 1965 – 02. 01. 1966	824 000	Familienbesuch
07. 04. 1966 – 20. 04. 1966	510 400	Familienbesuch
23. 05. 1966 – 05. 06. 1966	468 000	Familienbesuch

Doch schon Pfingsten 1966 war damit Schluss – erneut gab es Streit in Verfahrens- und Statusfragen.
Nur noch in besonders dringenden Fällen wurde die
Erlaubnis erteilt.

Die Lage entspannte sich erst, als die SPD mit
Willy Brandt erstmals den Bundeskanzler stellte und
eine neue Ostpolitik einleitete. Verträge mit Moskau
und Warschau waren 1970 der Anfang. Dann handelten die Siegermächte das Viermächte-Abkommen aus,
das im Juni 1972 in Kraft trat, Bonn und Ost-Berlin
unterzeichneten das Transitabkommen. 1973 trat
noch der Grundlagenvertrag zwischen DDR und
BRD hinzu. Die Vereinbarungen sicherten den Sta-

tus West-Berlins, erleichterten den Transitverkehr und ermöglichten Tagesreisen nach Ost-Berlin an zunächst maximal 30 Tagen pro Jahr.

Besucherregelungen für Westberliner nach dem Viermächte-Abkommen

gültig ab	Häufigkeit	Beantragung	Max. Besuchs- dauer
3.6.1972	30 Tage pro Jahr	2 Tage im Voraus	1 Tag bis Mitter- nacht
1.7.1982	30 Tage pro Jahr	2 Tage im Voraus	1 Tag bis 2 Uhr Folgetag
1984	45 Tage pro Jahr	2 Tage im Voraus	1 Tag bis 2 Uhr Folgetag
1987	Mehrfachberech- tigungsschein: max. 10 Besuche in 6 Monaten		
März 1988	2 Tage mit Über- nachtung		bis Mitternacht Folgetag

Für die Formalitäten wurden in West-Berlin Antragstellen eingerichtet, in denen DDR-Uniformierte saßen und stoisch die Formulare entgegennahmen. Mit der Zeit verströmten die Räumlichkeiten den typischen DDR-Geruch.

Passierscheinbüros

- Charlottenburg, Jebensstraße
- Kreuzberg, Waterloo-Ufer
- Wedding, Schulstraße
- Steglitz, Schlossstraße
- Spandau, Reformationsplatz

Die Visumsgebühren für Westberliner übernahm der Senat, Wermutstropfen aber war der Zwangsumtausch, mit dem die DDR ihre Devisenbestände auffüllte. Der Umtauschkurs 1:1 war denkbar schlecht und das Warenangebot ebenso. Änderungen waren immer wieder Thema zäher Verhandlungen zwischen Ost und West.

Jahr	West-berliner	Bundes-bürger	Rentner	Kinder, Jugendliche
1964	3,– DM	5,– DM	frei	frei bis 16 Jahre
1968	5,– DM	5,– DM	frei	frei bis 16 Jahre
1973	10,– DM	10,– DM	10,– DM	frei bis 16 Jahre
1974	6,50 DM	6,50 DM	frei	frei bis 16 Jahre
1980	25,– DM	25,– DM	25,– DM	frei bis 16 Jahre
1984	25,– DM	25,– DM	15,– DM	frei bis 14 Jahre, 14 Jahre 7,50 DM, ab 15 Jahre 25,– DM
24.12.1989	frei	frei	frei	frei

Weitere Verbesserungen kamen hinzu, etwa die Amnestie für Republikflüchtlinge (1972), die nun zu Besuch in die DDR durften, oder das Abkommen über Hilfeleistungen bei Unglücksfällen in Berliner Grenzgewässern (1975). Zuvor waren Kinder in der Spree ertrunken, weil die Rettung zu spät kam.

Erleichterungen milderten die Härte der Teilung, aber beendeten sie nicht. Viele Westberliner beschlossen, in die Bundesrepublik umzuziehen. In zweieinhalb Jahrzehnten nach dem Mauerbau verlor West-Berlin 350 000 Einwohner. Der Abwanderung begegnete die Bundesregierung mit der Berlin-Zulage von acht Prozent, die steuerfrei auf das Bruttogehalt aufgeschlagen wurde, sowie mit Subventionen für die Wirtschaft. Aber West-Berlin hatte noch andere Vorzüge: Wegen des Alliiertenstatus durfte die Bundeswehr hier nicht rekrutieren, was zum Zuzug vieler junger Männer führte, die der Wehrpflicht entgehen wollten. Dass es für Gaststätten keine Sperrstunde gab, schuf die Grundlage für Nachtleben und Clubkultur, die die Stadt bis heute auszeichnen. Überhaupt pflegten die Westberliner einen gewissen Dünkel und grenzten sich von der Bundesrepublik ab. In der Tat war Berlin unübersehbar ein anderes Pflaster als Westdeutschland, wie Westberliner das bundesdeutsche Mutterland, mitunter abfällig, nannten. West-Berlin versprühte Freiheitsgeist und eine für viele stimulierende Atmosphäre. Die Lebenshaltungskosten waren so niedrig wie in keiner anderen Großstadt, und mit etwas Glück ließen sich bis in die 80er Jahre hinein für einen lächerlichen Mietzins große Altbauwohnungen bewohnen, für die es heute einen hochbezahlten Job braucht. Das zog Kreative und Lebenskünstler an, und West-Berlin wurde zum Biotop für alternative Lebensformen.

Für DDR-Bürger wiederum war Ost-Berlin als Hauptstadt attraktiv, allerdings war der Zuzug nicht ohne weiteres möglich. Die »Hauptstadt der DDR« wurde erheblich besser versorgt als andere Gegenden, hatte eine reichhaltige Kulturszene anzubieten und kam landesweit einer Metropole am nächsten. Beide Seiten richteten sich schließlich mit der Teilung als Dauerzustand ein, was zu zahlreichen Doppelungen führte. Viele davon haben sich bis heute gehalten:

21 Berliner Doppelungen

Ost-Berlin	West-Berlin
Konzerthaus Gendarmenmarkt	Philharmonie
Staatsbibliothek Unter den Linden	Staatsbibliothek Potsdamer Straße
Staatsoper Unter den Linden	Deutsche Oper Bismarckstraße
Tierpark Friedrichsfelde	Zoologischer Garten

Ost-Berlin	West-Berlin
Funkhaus Nalepastraße	Haus des Rundfunks
Szenebezirk Prenzlauer Berg	Szenebezirk Kreuzberg
Alte Nationalgalerie	Neue Nationalgalerie
Museumsinsel	Kulturforum
Humboldt-Universität	Freie Universität
Kongresshalle	Kongresshalle Tiergarten
Alexanderplatz	
Friedrichstadtpalast	Theater des Westens
Volksbühne	Volksbühne Schaperstraße
Rosa-Luxemburg-Platz	(heute Haus der Berliner Festspiele)
Stadtbibliothek Breite Straße	Amerika-Gedenkbibliothek
Kino International	Zoo-Palast
Haus der jungen Talente (heute Podewil)	Künstlerhaus Bethanien
Planetarium Prenzlauer Berg	Sternwarte am Insulaner
Charité	Uniklinik Steglitz
Akademie der Künste	Akademie der Künste
Robert-Koch-Platz	Hanseatenweg
Werner-Seelenbinder-Halle (abgerissen)	Deutschlandhalle (abgerissen)
Fernsehturm Alexanderplatz	Funkturm Charlottenburg

Vor allem aber gab es viele Kuriositäten, von denen manche selbst altgedienten Berlinern nicht mehr unbedingt geläufig sind:

Geister-U-Bahn: Die U-Bahnlinien 6 und 8 sowie die Nord-Süd-S-Bahn wurden von West-Berlin genutzt, passierten aber jeweils ein Stück unter Ost-Berlin, wo die »Geisterlinien« ohne Halt durch »Geisterbahnhöfe« fuhren, scharf bewacht von Grenzsoldaten.

Bhf. Friedrichstraße: Der bereits erwähnte Bahnhof war Grenzübergang, obwohl er gar nicht an der Grenze, sondern mitten in Ost-Berlin lag. Gleichzeitig war er Umsteigebahnhof für Westberliner, drei Westlinien kreuzten sich hier. Außerdem diente er östlichen Geheimdiensten als Spionageschleuse, weil hier viel Betrieb herrschte und der Westen keine Kontrollen durchführte.

Liste Geisterbahnhöfe S-Bahn+U-Bahn

S1/S2	U6	U8
Bornholmer Straße	Stadion der Weltjugend (heute Schwartzkopffstraße)	Bernauer Straße
Nordbahnhof	Nordbahnhof (heute Naturkundemuseum)	Rosenthaler Platz
Oranienburger Straße	Oranienburger Tor	Weinmeisterstraße
Unter den Linden (heute Brandenburger Tor)	Französische Straße	Alexanderplatz
Potsdamer Platz	Stadtmitte	Jannowitzbrücke Heinrich-Heine-Straße

Ganz geschlossen waren die U-Bahnhöfe Potsdamer Platz, Bülowstraße und Warschauer Straße. Am Kreuzungsbahnhof Alexanderplatz konnte man den Geisterbahnsteig der U 8 nicht mal erahnen, dabei liefen Passanten täglich an einer Mauer vorbei, hinter der die Treppe zum Bahnsteig hinunterführte. Wie alle Geisterbahnhöfe wurde auch hier am 1. Juli 1990 das Umsteigen wieder möglich.

S-Bahn: Die S-Bahn gehörte auch in West-Berlin der DDR-Reichsbahn und wurde nach dem Mauerbau von Westberlinern boykottiert. Von täglich 500 000 Fahrgästen sank die Zahl auf kümmerliche 76 000 im Jahr 1979. Nach und nach wurden die meisten Linien eingestellt, bis nur noch drei übrig blieben. Stattdessen baute West-Berlin mit den U-Bahnlinien 7 und 9 Ersatzlinien, übernahm 1984 aber schließlich die Westberliner S-Bahn-Strecken von der DDR-Reichsbahn.

Ulbrichtkurve: Die Berliner Ringbahn wurde durch den Mauerbau geteilt, im Westen später eingestellt. Im Osten blieb sie wichtig und wurde in Prenzlauer Berg umgeleitet nach Pankow. Kurz vor der geschlossenen Station Bornholmer Straße fuhr sie für ein Stück neben der Nord-Süd-Bahn (West), dazwischen war die Mauer. Wegen dortiger Fluchtversuche mussten die S-Bahnfahrer stets die Türverriegelung betätigen, damit niemand hinausspringen konnte. Denn in den damaligen S-Bahn-Zügen wurden die

Türen von den Passagieren per Hand geöffnet – und das war auch während der Fahrt möglich.

Sowjetisches Ehrenmal: Das einzige Sowjetische Ehrenmal in West-Berlin an der Straße des 17. Juni wurden von einer Ehrengarde der Roten Armee bewacht, die jeden Morgen aus Ost-Berlin anreiste. Nachdem es Attacken wütender Westberliner gegen die Soldaten gegeben hatte, wurden die Sowjets von britischer Militärpolizei bewacht, weil das Mahnmal im Britischen Sektor stand. Für die Sicherheit der Briten wiederum stand auf dem Gehweg stets ein Westberliner Streifenwagen bereit.

Steinstücken: Weil einige Westberliner Bezirke aus historischen Gründen Landbesitz außerhalb der Stadtgrenzen besaßen, gab es diverse Exklaven, von denen Steinstücken bei Griebnitzsee besonders bekannt wurde. Die zwölf Hektar große Siedlung war die einzige bewohnte Exklave und gehört zu Zehlendorf, wohin es aber gut einen Kilometer durch Brandenburger Gebiet geht. 1952 fassten DDR-Grenztruppen Steinstücken mit Sperranlagen ein, und die rund 200 Einwohner mussten fortan über einen kontrollierten Weg, wenn sie nach West-Berlin wollten; umgekehrt durften nur gemeldete Bewohner passieren. Nach dem Mauerbau stationierten die Amerikaner, zu deren Sektor Steinstücken gehörte, drei GIs mitsamt Hubschrauber. 1971 kam es zu einem Gebietsaustausch, so dass ab 1972 eine eigens gebaute Straße mit Grenzanlagen an beiden Seiten nach Zehlendorf führte und die Exklave sogar mit einem Linienbus erreichbar wurde.

Sieben Berliner Mauer-Exklaven, Ost und West:

- Steinstücken
- Albrechts Teerofen
- Klein Glienicke (gehörte zum DDR-Bezirk Potsdam)
- Eiskeller Spandau
- Fichtewiese/Erlengrund
- Entenschnabel/Sandkrug (Glienicke)
- Lennédreieck

Affäre Lennédreieck: Das vier Hektar große Stück Land zwischen Tiergarten und Potsdamer Platz gehörte zu Ost-Berlin, aber der Mauerbau beließ das ungenutzte, verwilderte Gelände eingezäunt auf der Westseite. Per Gebietsaustausch ging es 1988 an West-Berlin, für einen Tunnelbau unter dem Park. Naturschützer besetzten vorher das Gebiet und ärgerten den strammen Westberliner Innensenator, der erst am 1. Juli 1988 räumen lassen konnte. Doch da hatten die fast 200 Protestler längst mit Leitern rübergemacht – Ost-Berlin gelang mit dieser abgesprochenen Aktion ein PR-Coup, über den die halbe Stadt lachte. Nach einem Frühstück konnten die

Besetzer unbemerkt wieder nach West-Berlin einreisen.

Gecekondu Bethaniendamm: Ebenfalls um Material zu sparen und zur besseren Kontrolle der Grenze ließ der Mauerverlauf an der Kreuzberger Thomaskirche ein 350 Quadratmeter großes Eckchen Ost-Berlin auf Westseite, das Osman Kalin Anfang der 80er Jahre in ein Obst- und Gemüsegärtchen mit Laube verwandelte. Die Grenzer ließen ihn gewähren, aber nach dem Mauerfall musste er darum kämpfen, weiter gärtnern zu dürfen. Osman Kalin starb 2018 mit 92 Jahren, die Familie durfte das Stück Land behalten.

Entlastungsstraße: Nach dem 13. August 1961 baute West-Berlin für den innerstädtischen Nord-Süd-Verkehr eine 1,2 Kilometer lange Straßenpiste durch Tiergarten und heutiges Regierungsviertel, die inzwischen ein Tunnel ersetzt. Sie hieß wirklich Entlastungsstraße.

Springerdecker: So lautet der Spitzname der Hochhäuser an der Leipziger Straße. Kalter Krieg und Teilung wirkten sich in vielerlei Hinsicht auf Architektur und Städtebau aus, in diesem Fall sollten die Hochhäuser unweit der Mauer den Blick auf das goldene Hochhaus des Axel-Springer-Verlags verdecken. Springer war eine Art Intimfeind der Ostberliner Regierung, dessen Bild-Zeitung »DDR« stets in Anführungszeichen setzte. Er ließ sein Verlagshaus direkt an der Sektorengrenze errichten, auf dem Dach gab es West-Schlagzeilen.

Türchen in der Mauer: Vor dem Märkischen Museum kann man es an einem Mauerrest noch sehen: In der Grenzmauer 75 gab es vereinzelt Wartungstüren, durch die Grenzsoldaten nach Westen krochen, um den Zustand der Mauer zu begutachten und Ausbesserungen vorzunehmen. Die zwei Schlüssel, die es brauchte, um sie zu öffnen, wurden getrennt aufbewahrt – zur Fluchtverhinderung.

Sichtachse Potsdam-Pfaueninsel: Die Schlösserlandschaft Potsdam-Berlin ist ein Gesamtkunstwerk aus preußischer Zeit, vom Mauerbau auseinandergerissen. Hohe Pappeln auf dem Grenzstreifen am Jungfernsee sollten die Grenze unsichtbar machen, blockierten aber eine alte Sichtachse, die König Friedrich Wilhelm von seinem Potsdamer Marmorpalais zur Berliner Pfaueninsel einrichten ließ. Als Potsdamer Gärtner in den 80er Jahren für die Grenztruppen Bäume fällen sollten, taten sie das »versehentlich« woanders und stellten so die historische Sichtachse wieder her.

Anlauf zum Mauersturm.
Drittländerflucht, Montags-
demonstrationen, Revolution. 1989

»Den Sozialismus in seinem Lauf
hält weder Ochs noch Esel auf.«

Erich Honecker, 14. August 1989

Wie der Mauerbau war der Fall der Mauer, der noch im Geschehen als Zeitenwende und Ende des Kalten Krieges verstanden wurde, nicht allein ein deutsches, sondern ein weltpolitisches Ereignis. Daher hatte er einen doppelten Vorlauf, in der DDR und international. Das Jahr 1989 war in verschiedenen Ländern Mittel- und Osteuropas von Veränderungen geprägt, als deren Höhepunkt der 9. November 1989 mit dem Schauplatz Berlin gilt. Gleichzeitig war dieser Tag ein deutsches beziehungsweise Berliner Ereignis: Menschen überwanden eine Grenze, die sie fast drei Jahrzehnte behindert hatte – und eine geteilte Stadt kam wieder zusammen. Der Anlauf zum Mauersturm begann aber schon Jahre zuvor, und ohne die Entwicklungen in anderen Ländern des sowjetischen Machtbereichs hätte wohl auch der Mauerfall nicht stattgefunden.

DDR-Chefideologe Kurt Hager in einem Stern-Interview, 9. April 1987: *Würden Sie (...), wenn Ihr Nachbar seine Wohnung neu tapeziert, sich verpflichtet fühlen, Ihre Wohnung ebenfalls neu zu tapezieren?*

Natürlich kann man den Niedergang der Sowjetunion und ihrer europäischen Verbündeten rein wirtschaftlich beurteilen. Weil die sozialistische Planwirtschaft es nicht mit der Dynamik der westlichen freien Marktwirtschaft aufnehmen konnte und die Kosten des Rüstungswettlaufs zwischen

USA und UdSSR ins Unermessliche stiegen, wurde der Spielraum Moskaus enger, was sich auf die Lebensverhältnisse in den Ostblockländern auswirkte. Wirtschaftssubventionen aus Moskau blieben zunehmend aus, Bestrebungen nach Freiheit und Demokratie schlugen die Sowjets nicht mehr wie zuvor mit Panzergewalt nieder. So konnte sich in Polen bereits 1980 die Solidarność als erste freie Gewerkschaft des Ostblocks gründen, zur Erosion des Staatskommunismus beitragen und anderen Ländern Beispiel und Hoffnung geben. Als 1985 Michail Gorbatschow in Moskau die Macht übernahm und zunächst zaghafte Reformen einleitete, folgten einige Ostblock-Regierungen, vor allem die in Ungarn.

Erich Honecker am 19. Januar 1989: *Die Mauer wird so lange bleiben, wie die Bedingungen nicht geändert werden, die zu ihrer Errichtung geführt haben. Sie wird auch noch in 50 und auch in 100 Jahren noch bestehen bleiben, wenn die dazu vorhandenen Gründe nicht beseitigt sind.*

Doch in der DDR passierte: nichts. Die Regierung schloss Reformen aus, stattdessen betonte SED-Chef Honecker immer wieder, man sei auf dem richtigen Weg und werde sich durch Sabotage und Anfeindungen aus dem Westen nicht beirren lassen. Die Stimmung in der Bevölkerung ignorierte die Staatsführung nicht völlig, aber sie zog nicht die richtigen Schlüsse daraus. Milliardenkredite aus dem Westen (2 Mrd. DM) und ein Staatsbesuch Honeckers in Bonn 1987 ließen die Formeln vom imperialistischen Westen, der dem Osten nur Schlechtes wünschte, immer hohler wirken. Zudem musste die DDR als Gegenleistung deutlich mehr Westreisen ihrer Bürger bewilligen, die vor Ort sahen, wie wenig die Realität dem Bild entsprach, das die DDR-Medien vom Westen zeichneten. Dagegen war die Krise der DDR unübersehbar. Die Infrastruktur verfiel zusehends, technologisch fiel das Land immer weiter zurück, in den Fabriken standen die Maschinen immer häufiger still, weil sie kaputt waren oder Zulieferungen ausblieben, die Umweltverschmutzung nahm dramatische Ausmaße an. Im schärfsten Gegensatz zu den Parolen der Partei ging es mit dem Land unübersehbar steil bergab. Gleichzeitig wurde die DDR-Führung immer älter und verlor so die Jungen, auf die es angekommen wäre. Vor allem die junge, dritte DDR-Generation schaute längst nach Westen, sah westdeutsches Fernsehen, orientierte sich an westlicher Mode und konnte mit dem eigenen Land kaum noch etwas anfangen.

Bundeskanzler Helmut Kohl in einer Tischrede beim Honecker-Besuch, 7. September 1987: *Die Menschen in Deutschland leiden unter der Trennung. Sie leiden an einer Mauer, die ihnen buchstäblich im Wege steht und die sie abstößt.*

Für die DDR-Regierung war die Frage von Reformen besonders heikel, denn sie betraf in ihrem Fall nicht nur das herrschende System, sondern im schlimmsten Fall den ostdeutschen Staat im Ganzen. Da half wenig, dass die DDR unter den sozialistischen Bruderstaaten Europas den höchsten Lebensstandard vorzeigen konnte – die Unzufriedenheit der DDR-Bürger stieg spätestens seit Mitte der 80er Jahre beständig und orientierte sich am ungleich größeren Wohlstand der Bundesrepublik. Dort freilich fühlten sich die Menschen nach jahrzehntelanger Teilung den Deutschen jenseits von Grenze und Mauer immer weniger verbunden. Auf der bequemeren Seite lebte es sich mit der Teilung gut, die Nachteile hatten die Ostdeutschen zu tragen. Fast schon symbolisch wirkt im Rückblick, dass während der Umbrüche in der DDR und der Weichenstellung auf eine Wiedervereinigung in Bonn ein neues Parlamentsgebäude errichtet wurde, mit dem aus der provisorischen Hauptstadt eine dauerhafte werden sollte.

Aus dem gemeinsamen Kommuniqué vom Staatsbesuch Gorbatschows in Bonn, Juni 1989: *Die Bundesrepublik Deutschland und die Sowjetunion betrachten es als vorrangige Aufgabe ihrer Politik, an die geschichtlich gewachsenen europäischen Traditionen anzuknüpfen und so zur Überwindung der Trennung Europas beizutragen.*

Als die Sowjetunion sich zu reformieren begann und die DDR sich dagegen abgrenzte, trat ein weiterer Widerspruch zum schönen Schein der DDR-Propaganda klar hervor: Jahrzehntelang war Moskau das Maß aller Dinge gewesen, das stete Vorbild, dem in allem zu folgen war, weil es im Besitz der Wahrheit war. Plötzlich aber konnte man in der DDR viele russische Publikationen nicht mehr kaufen, weil die DDR-Regierung befürchtete, das Moskauer Reformfieber könnte das eigene Volk anstecken.

Der ungarische Ministerpräsident Németh am 6. März 1989 in Moskau: *Wir müssen zur äußeren Welt nicht nur die Fenster, sondern auch die Türen öffnen.*

Das Reformfieber griff auch so um sich. Eine kriminalisierte, schikanierte Opposition weniger Mutiger, die seit Jahren Konsequenzen bis zu langjähriger Haft, Geheimdienst-Terror oder Zwangsausweisung in Kauf genommen hatte, beobachtete die Kommunalwahlen im Mai 1989 und stellte fest, dass aus Mangel an wirklichen Wahlmöglichkeiten mehr Leute als sonst der Wahl fernblieben oder ungültige Stimmzettel abgaben. Der Anteil ungültiger Stimmen lag zwischen zehn und zwanzig Prozent. Doch im offiziellen Wahlergebnis war davon keine Rede, im Gegenteil reklamierte die DDR-Regierung wie immer überwältigende Zustimmung für sich. Den Vorwurf der

Wahlfälschung, die später bewiesen werden konnte, machte die Opposition über westliche Medien publik. Die Unzufriedenheit stieg weiter, Oppositionsgruppen erlebten wachsenden Zulauf und nutzten die interessierten Westmedien zur Öffentlichkeitsarbeit. Als wichtigste Gruppen gründeten sich Neues Forum, Demokratie Jetzt, Demokratischer Aufbruch und die Sozialdemokratische Partei (SDP). Sie setzten sich für eine Demokratisierung und Pluralisierung der DDR ein und für mehr Freiheit für ihre Bürger.

Elf Bürgerrechtsgruppen in der DDR

Name	Gründung
Sozialer Friedensdienst	1981
Friedenskreis Pankow	27. November 1981
Frauen für den Frieden	1982
Initiative Frieden und Menschenrechte	24. Januar 1986
Gruppe Gegenstimmen	Februar 1986
Arbeitsgruppe Menschenrechte	1986
Arbeitskreis Gerechtigkeit Leipzig	1987
Neues Forum	9. September 1989
Demokratie Jetzt	12. September 1989
Sozialdemokratische Partei	7. Oktober 1989
Demokratischer Aufbruch	29. Oktober 1989

Schon länger stellten viele Pastoren der DDR ihre Kirchen zur Verfügung, damit oppositionelle Gruppen sich treffen konnten, wenn auch stets Spitzel der DDR-Staatssicherheit dabei waren. In der Leipziger Nikolaikirche gab es seit Anfang der 80er Jahre Montagsgebete, die 1989 zu den Montagsdemonstrationen anschwollen und Geschichte schrieben. Parallel rollte eine Ausreisewelle an, zunächst von DDR-Bürgern, die in Warschau, Prag oder Budapest bundesdeutsche Botschaften besetzten, um ihre Ausreise zu erzwingen. Darin noch erfolglos war die Flucht in die bundesdeutsche Vertretung in Ost-Berlin Anfang August 1989, weil den DDR-Bürgern zwar Straffreiheit versprochen, aber keine Ausreise gewährt wurde.

Die DDR-Führung gab sich unbeirrt und war vor allem: überaltert, gelähmt, realitätsblind. Da nicht sein konnte, was nicht sein durfte, befasste man sich mit vielem, aber kaum mit der Schwindsucht der DDR. Berichte der Stasi legten zwar nahe, dass die DDR dabei war, die junge Generation zu verlieren, doch die obersten Genossen schienen gefangen in ihrer ideologischen Weltsicht und der Überzeugung, wissenschaftlich und historisch auf der richtigen Seite zu stehen. Der brodelnde Unmut im Volk war danach auf Agenten und Provokateure des feindlichen Auslands zurückzuführen. Polen und Ungarn befänden sich auf gefährlichen Irrwegen, während Ost-Berlin unbeirrt die rote Fahne emporhielt.

Leipziger Volkszeitung über Solidaritätsaktionen für die Opfer des Pekinger Aufstands vom 4. Juni 1989: *Diese Leute werden zu willkommenen Handlangern jener Kräfte in der BRD, die unsere sozialistische DDR von innen heraus langanhaltend und tiefgreifend ›reformieren‹ wollen, bis die Agonie eintritt und vom Sozialismus nichts mehr übrig geblieben ist.*

Im Spätsommer 1989 wurden die zwei Stränge des Umbruchs immer stärker: zum einen die Flüchtlingswelle über Drittländer. Ungarn öffnete am 11. September die Westgrenze, die Tschechoslowakei am 3. November. Immer mehr DDR-Bürger packten ein paar Dinge zusammen, fuhren mit ihren Familien nach Süden, ließen ihre Trabis, auf die sie in der DDR-Mangelwirtschaft jahrelang hatten warten müssen, irgendwo zurück und liefen über die grüne Grenze nach Westen. Die Zurückgebliebenen tauschten sich aus, wer noch da war oder die Flucht plante, und überlegten, ob sie nicht dasselbe tun sollten. Immer mehr von ihnen aber gingen zu den Montagsdemonstrationen, die inzwischen nicht mehr nur in Leipzig stattfanden, und forderten ein Umsteuern der Regierung, Reformen und mehr Freiheit.

Erich Honecker über die ausgereisten Botschaftsflüchtlinge, 2. Oktober 1989: *Man sollte ihnen (...) keine Träne nachweinen.*

168

Slogans der Leipziger Montagsdemos

25. 9. 89	Neues Forum zulassen. Freiheit – Gleich-heit – Brüderlichkeit
2. 10. 89	Wir bleiben hier! Keine Gewalt!
9. 10. 89	Wir sind das Volk
30. 10. 89	Neues Forum ist Volkes Wille. Wir stellen die Machtfrage. 14 Tage nach der Wende gebt der Diktatur ein Ende!
6. 11. 89	Erich ade – Egon bitte geh! Egon vor, durch das Brandenburger Tor. Die Mauer bleibt da, die bauen wir ums ZK
13. 11. 89	Deutschland einig Vaterland (Massenruf) Wiedervereinigung! Der Anfang ist gemacht! Gestern in Bayern auf ein Bier, aber heute sind wir hier. Wir sind ein Volk!

Erich Honecker wollte keine dunklen Wolken über den anstehenden Feiern zum 40. Republikgeburtstag am 7. Oktober 1989. Während im Palast der Republik (am heutigen Standort des Humboldt-Forums) die Staatsführung mit Gästen aus dem Ausland feierte, protestierten draußen Bürger. Nachdem Gorbatschow abgereist war, begann die Volkspolizei, Demonstranten zu verprügeln und festzunehmen. Zum letzten großen DDR-Aufstand vom 17. Juni 1953, als zunächst Bauarbeiter, dann das Volk gegen die eigene Regierung protestiert hatten, gab es aber bedeutsame Unterschiede: Moskau fiel als panzerschickender Retter des Staates aus, die sozialistischen Versprechen waren ohnehin längst ebenso unglaubwürdig wie die Verteufelung des Westens. Gleichzeitig wurden die aufbegehrenden DDR-Bürger immer selbstbewusster – und erhielten viel Aufmerksamkeit der westlichen Medien, was wiederum zurückstrahlte ins Land. Die Revolution bahnte sich an.

Militär in und um Leipzig zum 9. Oktober 1989
Luftlandedivision der NVA
Fallschirmjägerdivision
Wachregiment Feliks Dzierzynski in Divisionsstärke
9. Panzerdivision: 2 Bataillone
7. Panzerdivision: ca. 600 Panzer

Massenverhaftungen schreckten nicht mehr ab. Für die Leipziger Montagsdemonstration am 9. Oktober kündigte die DDR-Regierung ziemlich unverhohlen Gewalt an und hatte sogar Verletzte eingeplant. Es half nicht mehr: An diesem Abend kamen mehr denn je, und die Regierung sah von dem Einsatz der Armee ab, weil es so viele waren. Der Protest weitete sich auf den Rest des Landes aus und trat in seine entscheidende Phase. Während die Flucht- und Protestwelle weiter anschwoll – die Leipziger Montagsdemonstrationen sogen jetzt Menschen in sechsstelliger

Zahl an –, schwand die Kontrolle der DDR-Regierung. Am 17. Oktober setzte das Politbüro Erich Honecker ab, Egon Krenz übernahm und versprach eine »Wende«, aber unter Erhalt der DDR und des Sozialismus. Wirtschaftliche Reformen wurden angekündigt, deren Erfolg sich aber, wenn überhaupt, viel zu spät erwiesen hätte. Zudem offenbarten sich jetzt der DDR-Führung ihre eigenen Lebenslügen, denn die wirtschaftliche Lage war desolat.

Mit der Oppositionsdemo am 4. November auf dem Ostberliner Alexanderplatz erreichte die Revolution die Hauptstadt. Mehr als 500 000 Menschen kamen und hörten bekannten Schauspielern und Schriftstellern zu, aber auch mehr oder weniger reformwilligen Parteivertretern. Mit Aufhebung des Visumszwangs für die Tschechoslowakei und der Öffnung der tschechischen Westgrenze Anfang November war die Massenflucht zum größten Problem der DDR-Regierung geworden, zumal die Prager Kollegen Ost-Berlin aufforderten, sich gefälligst selbst um diese Angelegenheit zu kümmern. Bis zum Mauerfall hatten 50 000 DDR-Bürger diesen Fluchtweg beschritten. Ein erstes Reisegesetz vom 6. November wiesen die Montagsdemonstranten wütend zurück, und so stand die Frage der Reiseregelungen bei der dreitägigen Sitzung des SED-Zentralkomitees, die am 8. November begann, wieder auf der Tagesordnung.

Wegmarken zum Ende der europäischen Teilung

Datum	Ort	Ereignis
1975	Helsinki, Finnland	In der Schlussakte von Helsinki verpflichtet sich die DDR zur Einhaltung von Menschenrechten
1976	Ost-Berlin, DDR	Ausbürgerung des Liedermachers Wolf Biermann
1978	Ost-Berlin, DDR	Dissident Rudolf Bahro wird zu 8 Jahren Zuchthaus verurteilt
1980	Gdansk, Polen	Gründung der Solidarność, erste freie Gewerkschaft im Ostblock
1981	Warschau, Polen	Regierungschef Jaruzelski verhängt das Kriegsrecht (bis 1983)
1983	Oslo, Norwegen	Lech Walesa, Gründer der Solidarność, erhält den Friedensnobelpreis
1983/84	Bonn und Ost-Berlin	Zwei Milliardenkredite der Bundesrepublik bewahren die DDR vor der Zahlungsunfähigkeit
1985	Moskau, Sowjetunion	Michail Gorbatschow wird Parteichef und leitet wirtschaftliche und politische Reformen ein

Datum	Ort	Ereignis
1986/87	diverse Orte	USA und Sowjetunion treffen umfassende Abrüstungsverein-barungen
1987	Bonn, BRD	Staatsbesuch des DDR-Parteichefs Honecker
24./25. November 1987	Ost-Berlin, DDR	Die Stasi stürmt die Umweltbibliothek in der Zionskirche
17. Januar 1988	Ost-Berlin, DDR	Oppositionelle protestieren bei der offiziellen Staatsdemo zum Gedenken an Rosa Luxemburg und Karl Liebknecht
18. November 1988	gesamte DDR	Die sowjetische Zeitschrift Sputnik wird verboten

Das Jahr 1989 in Mittel- und Osteuropa

Datum	Ort	Ereignis
15. Januar 1989	Leipzig, DDR	Im Zusammenhang mit einer nicht genehmigten Demonstration für die 1919 ermordeten Gründer der KPD, Rosa Luxemburg und Karl Liebknecht, werden zahlreiche Bürgerrechtler verhaftet
Januar 1989	Budapest, Ungarn	Die ungarische Kommunistische Partei verzichtet auf ihre politische Führungsrolle
6. Februar 1989	Warschau, Polen	Erstmals verhandeln am Runden Tisch polnische Regierung und Opposition
8./9. April 1989	Tiflis, Sowjetrepublik Georgien	Armeekräfte gehen gegen Demonstranten vor
2. Mai 1989	Ungarn	Die Regierung beginnt mit dem dauerhaften Abbau der Grenzanlagen am Eisernen Vorhang zu Österreich und gibt bekannt, dass an der Grenze nicht mehr geschossen wird
7. Mai 1989	DDR	Aus Mangel an Wahlfreiheit bei den Kommunalwahlen geben DDR-Bürger in erheblichem Umfang ungültige Stimmzettel ab

Datum	Ort	Ereignis
10. Mai 1989	DDR	Die offiziellen Wahlergebnisse stimmen nicht mit den Erkenntnissen der oppositionellen Wahlbeobachter überein
30./31. Mai 1989	Bonn, BRD	US-Präsident Bush besucht die Bundesrepublik
3./4. Juni 1989	Peking, China	Die Regierung beendet gewaltsam die Studentenproteste vom Platz des Himmlischen Friedens, Hunderte Tote
4./18. Juni 1989	Polen	halb freie Wahlen, Triumph für Solidarność
12. – 15. Juni 1989	Bonn, BRD	Michail Gorbatschow besucht die Bundesrepublik und wird begeistert empfangen
6. – 9. Juli 1989	Leipzig, DDR	Evangelischer Kirchentag
8. August 1989	Ost-Berlin, DDR	Weil rund 130 DDR-Bürger die bundesdeutsche Vertretung in Ost-Berlin besetzt halten, wird die Vertretung geschlossen
13. August 1989	Budapest, Ungarn	Die Bundesrepublik schließt wegen des Flüchtlingsansturms ihre Botschaft
13. August 1989	Ost-Berlin, DDR	erstes landesweites Treffen verschiedener Oppositionsgruppen

Datum	Ort	Ereignis
19. August 1989	Sopron, Ungarn	Massenflucht von über 600 DDR-Bürgern beim »Paneuropäischen Picknick« an der Grenze nach Österreich
23. August 1989	Prag, Tschechoslowakei	Die Bundesrepublik schließt wegen des Flüchtlingsansturms ihre Botschaft
24. August 1989	Budapest, Ungarn	Die ungarische Regierung gestattet 108 DDR-Bürgern in der bundesdeutschen Botschaft die Ausreise nach Westen
24. August 1989	Warschau, Polen	Mit Tadeusz Mazowiecki wird ein Nichtkommunist Regierungschef
25. August 1989	Bonn, BRD	Geheimtreffen von Bundeskanzler Kohl und dem ungarischen Ministerpräsident Németh
3. September 1989	Budapest, Ungarn	5000 DDR-Bürger warten in Flüchtlingscamps auf die Chance zur Ausreise nach Westen
4. September 1989	Leipzig, DDR	erste Montagsdemonstration gegen die Regierung
9. September 1989	Ost-Berlin, DDR	Gründung der DDR-Bürgerrechtsbewegung Neues Forum
11. September 1989	Sopron, Ungarn	An der ungarisch-österreichischen Grenze fällt zum ersten Mal der Eiserne Vorhang

Datum	Ort	Ereignis
20. September 1989	Bonn, BRD	Der britische Außenminister Major ist zu Besuch
25. September 1989	Leipzig, DDR	Die Teilnehmerzahl der Montagsdemo erreicht bis zu 8000
30. September 1989	Prag, Tschechoslowakei	Außenminister Genscher verkündet 6000 DDR-Bürgern in der bundesdeutschen Botschaft ihre Ausreise
1. Oktober 1989	Warschau, Polen	Über 800 DDR-Flüchtlinge in Polen können in Zügen über DDR-Gebiet nach Westen ausreisen
2. Oktober 1989	Leipzig, DDR	Die Zahl der Demonstranten bei der Montagsdemo erreicht 10000
3. Oktober 1989	Ost-Berlin, DDR	Die Regierung führt Visumszwang für Reisen in die Tschechoslowakei ein
3./4. Oktober 1989	Dresden, DDR	Bürger stürmen den Hauptbahnhof, als aus Prag ein Zug mit Botschaftsflüchtlingen auf dem Weg in die BRD durchfährt
7. Oktober 1989	Ost-Berlin, DDR	offizielle Feierlichkeiten zum 40. Jahrestag der Staatsgründung
9. Oktober 1989	Leipzig, DDR	Die Regierung lässt über 70000 friedliche Montagsdemonstranten trotz Ankündigung von Gewalt gewähren

Datum	Ort	Ereignis
16. Oktober 1989	Leipzig, DDR	150000 Menschen bei der Montagsdemonstration
18. Oktober	Ost-Berlin, DDR	Parteichef Honecker muss von allen Ämtern zurücktreten
23. Oktober	Leipzig, DDR	300000 Menschen bei der Montagsdemonstration
27. Oktober 1989	Ost-Berlin, DDR	Regierung erlässt Amnestie für Republikflüchtlinge
1. November 1989	Ost-Berlin, DDR	Die Regierung hebt den Visumszwang für die Tschechoslowakei wieder auf
3. November 1989	Prag, Tschechoslowakei	Die Regierung in Prag öffnet den Eisernen Vorhang
4. November 1989	Ost-Berlin, DDR	bisher größte Oppositionsdemo auf dem Alexanderplatz mit ca. 500000 Teilnehmern
6. November 1989	Ost-Berlin, DDR	Die DDR veröffentlicht ein neues Reisegesetz
7. November 1989	Ost-Berlin, DDR	Die Regierung tritt zurück
8. November 1989	Bonn, BRD	Die Bundesregierung stellt bei politischen Reformen der DDR Finanzhilfen in Aussicht

Fünf Orte der Friedlichen Revolution

Zionskirche

In der Friedlichen Revolution spielten Kirchen eine wichtige Rolle, denn sie boten Oppositionsgruppen in den 80er Jahren Möglichkeiten für Zusammenkünfte. Die DDR-Regierung war der Auffassung, dass es keine Opposition brauchte, da die Partei das Volk vertrat. Folglich waren Oppositionsgruppen illegal und konnten nicht einfach Räumlichkeiten mieten. Zwar hielt sich die evangelische Kirche als Institution zurück und übernahm keine aktive Rolle bei der Revolution, aber sie hatte einen gewissen Handlungsspielraum. Viele Kirchenleute nutzten dies und boten der Opposition Schutz, so dass Gotteshäuser in der früheren DDR zu wichtigen Orten der Bürgerrechtsbewegung und der Friedlichen Revolution wurden. Die bedeutendste Kirche der Friedlichen Revolution steht allerdings nicht in Berlin: In der Leipziger Nikolaikirche wuchsen sich montägliche Gebete seit 1982 zu den Montagsdemonstrationen 1989 aus, mit denen das Volk schließlich die ungeliebte Regierung in die Knie zwang.

Die Zionskirche in Berlin-Mitte, geweiht 1873, diente seit den 80er Jahren DDR-Oppositionellen als Treffpunkt und ihr Keller als Druckerei für Untergrund-Publikationen. Außerdem war sie seit 1986 Sitz der Umweltbibliothek, in der Interessierte vor allem westliche Literatur zu Frieden, Rüstung,

Umweltverschmutzung und Menschenrechten lesen konnten, die in der DDR eigentlich nicht zu haben war. Damit war die Zionskirche ein »Schwerpunkt des politischen Missbrauchs kirchlicher Einrichtungen« – so die Einschätzung der Stasi. Das Misstrauen des Staates gegenüber den Kirchen war groß, 1989 waren mindestens 800 Informelle Mitarbeiter der Stasi damit beschäftigt, die dortigen Zusammenkünfte oppositioneller Gruppen auszuhorchen. Ende November 1987 kam es bei einer Razzia der Stasi zu sieben Verhaftungen, darunter war ein 14-jähriger Junge. Die Sache wurde rasch publik, denn die Kontakte der Oppositionellen zu Westmedien ermöglichten eine breite Berichterstattung, hinzu kamen DDR-weit Mahnwachen und Solidaritätsbekundungen. Das erste nicht konspirative Eindringen der Stasi in eine Kirche seit den 50er Jahren geriet zum PR-Desaster für die DDR, nach drei Tagen waren alle Festgenommenen wieder auf freiem Fuß, und die Opposition war bekannter geworden.

In diesem Vorfall dokumentiert sich nicht nur die wachsende Hilflosigkeit der DDR, sondern die Bedeutung zweier Faktoren, ohne die die Revolution wohl nicht erfolgreich gewesen wäre: die Berichterstattung der Westmedien und der Schutz oppositioneller Gruppen durch Kirchen.

Sechs Berliner Kirchen als Orte der Opposition

Zionskirche	Mitte, Zions-kirchplatz	Umweltbibliothek, Untergrund-publikationen
Gethsemane-kirche	Stargarder Straße, Prenzlauer Berg	Mahnwachen, Bürgerrechts-gruppen
Dorfkirche Pankow	Breite Straße, Pankow	Friedenskreis Pankow
Bekenntnis-kirche	Plesser Straße, Treptow	Friedens- und Menschenrechts-gruppen, Unter-grundpublikationen
Erlöserkirche	Nöldnerstraße, Rummelsburg	Friedenswerkstatt, Solidaritätskonzerte
Samariter-kirche	Samariterstraße, Friedrichshain	Bluesmessen, Friedens- und Oppositionsgruppen

Palast der Republik

Wo heute als Humboldtforum das wiederaufgebaute Berliner Schloss steht, befand sich für drei Jahrzehnte der DDR-Vorzeigebau Palast der Republik, im Volksmund »Erichs Lampenladen«, »Palazzo Protzo« oder »Ballast der Republik« genannt. Das opulente Innere sollte wohl das triste Grau außerhalb des Gebäudes überstrahlen. Neben Postamt, Restaurants, Nachtclub und Kabarett hatte hier die Volkskammer ihren Sitz. Das DDR-Parlament hatte bis zu den ersten freien Wahlen der DDR die Aufgabe, Parteientscheidungen brav abzunicken und der SED-Herrschaft einen demokratischen Anstrich zu geben. Als der Palast 1976 eingeweiht wurde, schimpften die Menschen über die Verschwendung und forderten stattdessen mehr Wohnungen, an denen es in der DDR immer mangelte. Nach der Wiedervereinigung aber verschob sich die Wahrnehmung, als der Klotz zu den DDR-Gebäuden gehörte, die abgerissen wurden. Weil so viel Vertrautes zu verschwinden schien, avancierte Honeckers Vorzeigebau bei vielen zum baulichen Erbe, das man nun doch lieber behalten wollte. Irgendwie aber passten Abriss und Schlossprojekt zum Ort, der über Jahrhunderte Herrschaftsort gewesen war und dessen Gestaltung immer politisch bestimmt. Das begann Mitte des 15. Jahrhunderts, als die Hohenzollern-Kurfürsten ein erstes Schloss als Herrschaftsinstrument bauten, das über die Jahrhunderte wuchs, wie Staat und Macht der Hohenzollern wuchsen. Im Zweiten Weltkrieg wurde das Schloss stark beschädigt, aber man hätte es wieder instand setzen können. Die DDR-Regierung entschied jedoch 1950, es zu sprengen – eine Art Vergangenheitsentsorgung. Fortan wurden auf der Freifläche Staatsparaden abgehalten, bis der Palast der Republik entstand.

Darin beging am 7. Oktober 1989 die Staatsführung den 40. Republikgeburtstag der DDR, der der letzte werden sollte. Während drinnen die Partei mit Gästen der sozialistischen Bruderländer feierte, demonstrierten draußen DDR-Bürger für Freiheit und Demokratie. Michail Gorbatschow, der wichtigste Gast, war auf dem Weg zum Flughafen, da begann die Volkspolizei auf die Demonstranten einzuknüppeln. Als die Revolution nicht mehr aufzuhalten war und die DDR ihre ersten freien Wahlen erlebt hatte, wurde die Volkskammer im Palast der Republik zu einem Brennpunkt des demokratischen Wandels. Als das Land aber seinen galoppierenden Verfall erlebte, konnten die Volksvertreter nur wenig dagegen tun, stattdessen arbeiteten sie bald schon notgedrungen an der Abschaffung der Volkskammer. Denn mit dem Beitritt der fünf DDR-Länder zur Bundesrepublik wurde der Bundestag zum gesamtdeutschen Parlament und die Volkskammer aufgelöst.

Vor dem Haupteingang des Schlosses entsteht das Denkmal für Friedliche Revolution und Wiedervereinigung, pikanterweise am gleichen Ort, an dem einst Kaiser Wilhelm Zwo seinen Großvater, den ersten deutschen Kaiser, mit dem Kaiser-Wilhelm-Nationaldenkmal ehrte. Das künftige Denkmal wird schon seit langem abfällig »Einheitswippe« genannt, seine Errichtung verzögerte sich immer wieder. Auch zum 30. Jubiläum des Mauerfalls ist es noch nicht fertig. Aber irgendwann wird vor dem Schloss eine riesige begehbare Schale Besucher einladen, sie zu betreten. Man wird allerlei Wissenswertes über die Friedliche Revolution 1989 und die Wiedervereinigung 1990 erfahren. Und wenn die Besucher sich verabreden, auf eine Seite der Schale zu gehen, wird sie sich langsam neigen – um auszudrücken, dass Menschen etwas erreichen können, wenn sie für ein gemeinsames Ziel kooperieren. Das kann man albern finden, muss man aber nicht.

Alexanderplatz

Die Leipziger Montagsdemonstrationen mit ihren wachsenden Teilnehmerzahlen, mit dem Mut der Menschen und ihrer Entschlossenheit, trotz der Gewaltandrohung den Protest für eine andere Politik weiterzuführen, waren zweifellos entscheidend für den Erfolg der Friedlichen Revolution. Die größte der Demonstrationen aber fand am 4. November 1989 auf dem Alexanderplatz statt. Mindestens 500 000 Bürger zeigten der DDR-Regierung, dass sie ihren Rückhalt verloren hatte. Wichtig daran aber war nicht allein die Zahl der Menschen, sondern auch die Tatsache, dass die Revolution jetzt die Hauptstadt erreicht hatte – vier Tage später fiel die Mauer.

Der Alexanderplatz birgt gleich in mehrfacher

Hinsicht DDR-Geschichte: Nach dem Krieg wurde er als zentraler Platz Ost-Berlins erheblich vergrößert und zum sozialistischen Musterplatz ausgebaut. Er diente als Sammelfläche für die Teilnehmer der Staatsparaden, die die DDR zweimal jährlich am 1. Mai und am 7. Oktober in der nahe gelegenen Karl-Marx-Allee abhalten ließ – zum letzten Mal am 7. Oktober 1989. Gestaltung und Architektur bildeten den Anspruch des Sozialismus ab, nämlich: die Zukunft zu sein. Dieses schöne Ideal zeigt gleich neben dem Platz das riesige Wandbild am Haus des Lehrers, das das Gebäude umschließt und genauere Betrachtung verdient. Bunt und glücklich sollte der Kommunismus werden, darin alle gleich und vereint im Streben nach dem sozialistischen Staat: Arbeiter und Ingenieure auf einem Niveau, Schüler lernen mit Begeisterung den Lehrsatz des Pythagoras. Beliebter Treffpunkt am Alex ist die Weltzeituhr, die wie der Fernsehturm 1969 dazukam. Sie zeigt die Zeitzonen von Städten in aller Welt an, so dass man stets weiß, welche Uhrzeit gerade in Sydney oder Honolulu ist. Das mag merkwürdig wirken, da Menschen in der DDR den Großteil der Welt ja gar nicht bereisen konnten – aber für Sozialisten stand außer Frage, dass irgendwann sowieso die ganze Welt kommunistisch sein würde. Es kam anders. Nicht zuletzt weil sich an der Weltzeituhr am 7. Oktober 1989 mutige Demonstranten zusammenfanden, um zum Palast der Republik zu ziehen und dort gegen die Feierlichkeiten zum 40. Republikgeburtstag zu protestieren.

Am Alex zeigte die DDR oft ihre hässliche Seite: Punks und Skater, die im Gängelstaat als zweifelhafte Elemente galten, wurden immer wieder ins nahe Polizeikommissariat mitgenommen. Und da selbst das größte Warenhaus der DDR, das Centrum am Alex (heute Kaufhof), den Leuten nicht bot, was sie verlangten, gab es auf dem Platz mitunter spontane Unmutsbekundungen über die herrschende Mangelwirtschaft. Um das schnell ausmachen und mit Zivilkräften der Stasi unterbinden zu können, wurde der Platz mit Kameras überwacht. Und als schließlich die DDR ein Staat auf Abruf geworden war und mit der BRD eine Wirtschafts- und Währungsunion einging, wurden hier am 1. Juli 1990 um Mitternacht die ersten DM-Scheine ausgegeben, umjubelt von rund 10 000 DDR-Bürgern, von denen viele seit Stunden angestanden hatten.

Städtebaulich hat sich der Platz nach der Wiedervereinigung nicht unbedingt verbessert. Das DDR-Konzept wurde rundherum missachtet. Auf alten Fotos kann man ein stimmiges Ensemble in einem Stil sehen, der in den 50er und 60er Jahren weltweit angesagt war. Der Alexanderplatz ging direkt in das Viertel von Scheibenhochhäusern beidseits der Karl-Marx-Allee über, hier wohnte der moderne Mensch, der die Vorzüge des Sozialismus genoss. Nach 1990 wurde der Platz wieder verkleinert und mit Investorenklötzen verunstaltet, geplant sind noch ein rundes Dutzend Hochhäuser.

Stasi-Zentrale Lichtenberg

Im Ostberliner Bezirk Lichtenberg kann man schon an der Größe des Objekts die Bedeutung der Staatssicherheit in der DDR ermessen. Der Geheimdienst hatte Ministeriumsrang und eine riesige Zentrale. Rund 90 000 Mitarbeiter zählte die Stasi, von DDR-Bürgern in ängstlicher Verachtung »Horch und Guck« genannt. So genau konnte man nie wissen, ob nicht der Kollege oder die Nachbarin »bei der Firma« war, denn neben den Hauptamtlichen gab es noch bis zu 190 000 Zuträger, die Informellen Mitarbeiter (IM), die mitunter die eigenen Familien ausspionierten.

1961 bezog die Stasi den Gebäudekomplex von 29 Häusern und elf Höfen an der Frankfurter Allee. Haus 1 beherbergt heute das Stasi-Museum, zu dem das Büro von Erich Mielke gehört, der das Ministerium 32 Jahre lang leitete, bis er im Herbst 1989 zurücktreten musste. Auf dem 8-Hektar-Gelände arbeiteten allein 20 000 Mitarbeiter an der Koordination von Spionage, Überwachung und Grenzsicherung. Von hier aus wurden 15 Bezirksverwaltungen mit 209 Kreisdienststellen geleitet. Die Grenze wurde im Auge behalten, eigene Untersuchungshaftanstalten unterhalten, operative Vorgänge in der eigenen Bevölkerung, aber auch im westlichen Ausland durchgeführt. Im Fokus der Geheimpolizei stand die Opposition, die mit teilweise perfiden Methoden zersetzt werden sollte.

Neben Mangelwirtschaft, fehlender Reisefreiheit, Privilegien der Parteibonzen und dramatischer Umweltverschmutzung war die massive Überwachung der eigenen Bevölkerung für die DDR-Bürger ein Hauptärgernis. In ihren Lageberichten spiegelt sich, wie die Stimmung kippte und dem Regime die Herrschaft entglitt, aber da hatte die Erosion längst auch den Geheimdienst erfasst. Die Stasi war Thema der Demonstrationen im Herbst 1989, und allein in den sieben Wochen nach der Leipziger Montagsdemo vom 8. Oktober wurden in 83 Städten die Stasi-Dienststellen Ziele von Protest. Schon Mitte Oktober stellte man sich auf die Erstürmung von Dienstgebäuden ein. Im November begannen Mitarbeiter mit der Vernichtung von Hunderttausenden Akten, und die Ironie will es, dass das Vorhaben an der DDR-Mangelwirtschaft scheiterte: Für die Erfüllung des Plansolls reichten die Kapazitäten der Schreddermaschinen nicht aus. Noch heute lagern in über 15 000 Säcken von Hand zerrissene Dokumente, die in mühevoller Arbeit nach und nach wieder zusammengesetzt werden.

Die Revolution machte der Aktenvernichtung schließlich ein Ende. Am 15. Januar 1990 wurde der Komplex von Tausenden Demonstranten gestürmt und besetzt, geplant war eine symbolische Vermauerung der Tore. Danach übernahm ein Bürgerkomitee die Auflösung der Riesenbehörde. Bald darauf wurde die Stasi-Unterlagenbehörde gegründet und ein Bundesbeauftragter ernannt.

Die Bundesbeauftragten für die Stasi-Unterlagen

Joachim Gauck	1990–2000
Marianne Birthler	2000–2011
Roland Jahn	seit 2011

Als eine der größten Errungenschaften der Friedlichen Revolution in der DDR darf gelten, dass jeder und jede Einsicht in seine Stasi-Akten nehmen darf, was bis heute nicht nur ehemalige DDR-Bürger nutzen, denn auch Westdeutsche und Ausländer konnten ins Visier der DDR-Staatssicherheit geraten. Seither wurden über sieben Millionen Anträge auf Einsicht gestellt, in fast der Hälfte der Fälle von Bürgern.

Der Lichtenberger Komplex wird derzeit zum Archivzentrum zur SED-Diktatur entwickelt, an dem künftig nicht nur Bestände des Stasi-Unterlagen-Archivs, sondern die Archive von SED und DDR-

Massenorganisationen sowie Akten der zentralen DDR-Behörden gelagert werden. Daneben wird künftig pro Bundesland nur noch eine Außenstelle die Akten verwalten und zugänglich halten. 111 Kilometer Akten der Stasi sind erhalten, außerdem 1,85 Millionen Fotos, 2865 Film- und 23 250 Tondokumente. In vierzig Jahren hat sich eine Menge angesammelt.

Schloss Schönhausen

In Pankow im Berliner Norden steht ein kleines Schlösschen, das im 18. Jahrhundert die ungeliebte Gattin Friedrichs des Großen bewohnte. Nach seiner Thronbesteigung hatte er die Königin dorthin abgeschoben und war ohne sie ins ferne Potsdam gezogen. Später spielte das Schloss keine große Rolle mehr, bis nach der Gründung der DDR der Pankower Majakowskiring abgeriegelter Wohnsitz der Staatsführung wurde. Das Schloss wurde Sitz des DDR-Staatsrats, später Gästehaus der DDR-Regierung. Kommunistische Regierungschefs wie Ho Chi Minh oder Fidel Castro, aber auch Nikita Chruschtschow oder Michail Gorbatschow logierten hier. Die heutige Ausstellung zeigt daher in schönem Kontrast beiderlei Erbe: Säle der Zeit Königin Elisabeth Christines im Rokoko-Stil sowie Gästewohnung und das Arbeitszimmer des DDR-Präsidenten Wilhelm Pieck.

Zum Bauensemble gehört neben dem Apartment-haus und Garagen der Fahrbereitschaft ein Casino-gebäude, in dem 1989/90 der Zentrale Runde Tisch tagte. An ihm saßen SED-Regierung und Opposition in der Reformzeit zusammen – ein Triumph der Revolution. Die meisten mittel- und osteuropäischen Reformstaaten bildeten 1989/90 Runde Tische, um den Übergang zu neuer Politik und Gesellschaft zu gestalten. In der DDR gab es auf lokaler und regionaler Ebene Hunderte davon, in Schönhausen aber tagte der Zentrale Runde Tisch, wie ihn DDR-Bürgerrechtler schon seit Mai 1989 diskutiert hatten. Seit Oktober 1989 gab es seitens der Bürgerrechtsgruppen konkrete Vorbereitungen, und am 7. Dezember trat er auf Einladung der Evangelischen Kirchen der DDR erstmals zusammen. Die ersten drei Sitzungen fanden in kirchlichen Räumen in Berlin-Mitte statt, die noch folgenden 13 Sitzungen vom 27. Dezember 1989 bis zum 12. März 1990 aber im Casinogebäude von Schloss Schönhausen. Von Anfang an war dies als Übergangsinstitution gedacht und sollte die Zeit bis zu den ersten freien Wahlen am 18. März 1990 überbrücken.

Am Runden Tisch saßen erst je 15, dann je 19 Vertreter von Opposition und Regierungsparteien zusammen und übernahmen sogar staatliche Steuerungsfunktionen; 17 unterstützende Arbeitsgruppen und insgesamt fast 300 Beteiligte arbeiteten mit hohem Einsatz bis zur Erschöpfungsgrenze. Das größte Verdienst des Zentralen Runden Tisches in Schönhausen war die völlige Abwicklung der Staatssicherheit, und zwar gegen den Willen des DDR-Ministerpräsidenten Modrow. Aber dass die Opposition mit den Staatsparteien zusammensaß und Ende Januar schließlich sogar eigene Vertreter in die »Regierung der Nationalen Verantwortung« entsandte, geriet den Bürgerrechtlern zum Nachteil. Denn der Staat kollabierte zusehends, und die Entfremdung zwischen den Bürgerrechtlern, die für die DDR einen eigenstaatlichen demokratischen Weg wollten, und einer Mehrheit im Volk, die eine Wiedervereinigung mit der Bundesrepublik forderte, wurde immer größer. Dabei ermöglichten die Runden Tische, sowohl der zentrale also auch die lokalen, dass die Umbruchszeit zwischen Mauerfall und Wahlen nicht vollends chaotisch verlief. Aber das und die Tatsache, dass an den Runden Tischen erstmals in der DDR an entscheidenden Stellen Demokratie geübt wurde, dankten die Wähler den Bürgerrechtlern nicht. Mit einem vernichtenden Wahlergebnis straften sie sie bei der ersten demokratischen Wahl in der DDR am 18. März 1990 regelrecht ab und entschieden klar für die Wiedervereinigung. Die meisten Bürgerrechtler hatten dagegen einen dritten Weg propagiert, den einer demokratischen, aber eigenständigen DDR.

Der schönste Tag.
9. November 1989

Die Deutschen sind jetzt das
glücklichste Volk der Welt.

Walter Momper, Regierender Bürgermeister
West-Berlins, 10. November 1989

An einem recht milden Novembermorgen erwachte die geteilte Stadt und ahnte nicht, was der Tag noch bringen sollte: eine Wegscheide der Weltgeschichte, sogleich verstanden als der Tag, an dem der Kalte Krieg zu Ende ging. Für die Berliner wurde es vor allem ein Freudentag, mit dem Wort »Wahnsinn« als meistverwendeter Vokabel und Freudentränen in erheblicher Quantität. Bemerkenswert daran ist aber nicht nur das Historische, sondern kaum weniger, wie es sich abspielte. Überfordert von der Rasanz der Ereignisse und der Revolution insgesamt, kollabierte ein System, das zuvor wie betoniert schien. Am Ende des Tages war die Welt eine andere, und im Stundentakt der Ereignisse trug ein Helfer namens Zufall mehrmals dazu bei:

8.00 Uhr: SED-Politbüromitglied Wolfgang Herger, Leiter in Sicherheitsfragen und persönlicher Assistent des neuen Staatschefs Egon Krenz, telefoniert mit Regierungsmitgliedern, um die Erarbeitung einer neuen Reiseregelung voranzubringen. Die aktuelle ist gerade mal drei Tage alt, aber sie hat für nur noch mehr Unmut gesorgt. Die Zeit drängt, weil die ČSSR wegen der andauernden Fluchtwelle damit gedroht hat, die Grenze zur DDR zu schließen.

9.00 Uhr: Im Innenministerium in der Mauerstraße treffen sich vier hohe Regierungsbeamte der Ministerien für Inneres und Staatssicherheit zur Abstimmung des neuen Reisegesetzes. Der Entwurf sieht vor, »ständige Ausreisen« künftig direkt über die deutsch-deutsche Grenze zuzulassen. Weiterhin nicht vorgesehen sind Stippvisiten im Westen, weswegen die Staatsbeamten eine noch größere Ausreisewelle befürchten. Ohne Autorisierung erweitern sie daher den Entwurf auf Urlaubsreisen. Die vier Herren hoffen, die prekäre Situation der DDR damit zu stabilisieren und mögen sich damit beruhigen, dass sie dem Politbüro ja nur einen Vorschlag vorlegen. Außerdem müssen Reisen auch weiterhin genehmigt werden. Was sie nicht ändern, ist die Überschrift des Entwurfs, die im Widerspruch zum Inhalt weiterhin lautet: »Beschlussvorschlag zur Veränderung der Situation der ständigen Ausreise von DDR-Bürgern nach der BRD über die ČSSR«. Im Text fügten sie den Begriff »unverzüglich« hinzu – sowie die Erlaubnis auch über die Grenzübergänge nach West-Berlin ausreisen zu dürfen. Letzteres bedarf wegen des Viermächtestatus Berlins der Zustimmung der Sowjets. Die vier Beamten verfassen außerdem eine Presseerklärung und versehen sie mit der Sperrfrist 10. November, 4.00 Uhr.

10.00 Uhr: Im Gebäude des Zentralkomitees der SED (heute Außenministerium am Werderschen Markt) beginnt der 2. Sitzungstag der ZK-Sitzung.

Man diskutiert die Verantwortung für die Krise von Partei und Staat.

11.00 Uhr: Die sowjetische Botschaft in Berlin telefoniert wiederholt mit DDR-Parteiführern, die auf die Zustimmung Moskaus für die Reiseregelung warten. Denen liegt der neue Entwurf aber noch nicht vor. Es geht noch um die alte Fassung, und die bezieht sich allein auf die »ständige Ausreise« und sieht für Ausreisewillige allein den Weg über die innerdeutsche Grenze vor. In Moskau ist jedoch nach dem Staatsfeiertag Außenminister Schewardnadse nicht erreichbar. Der Vizeaußenminister lässt schließlich zustimmen. Von der Überarbeitung des Entwurfs erfahren die Sowjets nichts, auch nicht Botschafter Katschemassow in der Berliner Botschaft Unter den Linden.

12.00 Uhr: Die Sitzung im Innenministerium wird beendet. Der Entwurf geht zur Genehmigung an die Ministerbüros für Inneres und Staatssicherheit sowie an die Mitglieder des Politbüros, des eigentlichen Machtzentrums der DDR. Die erwartete Maßregelung wegen überschrittener Kompetenzen erfolgt nicht. Vielmehr führt der Druck der Ereignisse offenbar dazu, dass die Adressaten den überarbeiteten Text für den alten Entwurf halten und gar nicht mehr lesen. Die vier Männer gehen in den Feierabend.

12.15 Uhr: Im Zentralkomitee (ZK) liest Egon Krenz einigen der Politbüro-Mitglieder in einer Raucherpause den Entwurf vor. Nicht alle können hören, was Krenz vorträgt, niemand äußert sich zum Inhalt. Nicht anwesend ist Regierungssprecher Schabowski. Einzig die Frage nach der sowjetischen Zustimmung wird laut, die Krenz bestätigt – irrtümlich, da sie sich auf den alten Entwurf bezieht.

12.30 Uhr: Im Umlaufverfahren geht der Entwurf zur Bestätigung an die Minister, von denen aber zwei Drittel ohnehin an der ZK-Sitzung teilnehmen.

14.00 Uhr: In Warschau trifft Bundeskanzler Kohl zu einem mehrtägigen Staatsbesuch ein.

14.30–15.30 Uhr: Die ZK-Mitglieder sitzen beim Mittagessen. Egon Krenz trifft im Staatsratsgebäude nebenan den Ministerpräsidenten von Nordrhein-Westfalen, Johannes Rau. Die neue Reiseregelung erwähnt er nicht.

15.47 Uhr: Egon Krenz unterbricht die wieder aufgenommene Sitzung des SED-Zentralkomitees und erinnert an die Probleme mit der Regierung in Prag. Bevor er den überarbeiteten Text der neuen Reiseregelung laut vorliest, verweist er noch auf die bereits erfolgte Zustimmung des Politbüros – in der kurzen Raucherpause.

Egon Krenz auf der Sitzung des SED-Zentralkomitees am 9. November 1989: *Was wir auch machen in dieser Situation, wir machen einen falschen Schritt.*

15.55 Uhr: Ohne große Aussprache und ohne jeden Widerspruch billigt das Zentralkomitee der SED den Entwurf.

16.00 Uhr: Regierungssprecher Meyer erhält den Auftrag, den Text nach Ablauf der Sperrfrist am kommenden Morgen zu veröffentlichen.

17.00 Uhr: Schabowski erscheint auf der ZK-Sitzung. Krenz gibt ihm den Text der neuen Reiseregelung, den Schabowski einsteckt, ohne ihn zu lesen.

17.23 Uhr: Wie in anderen Bezirken wird das Büro der Staatssicherheit in Karl-Marx-Stadt (heute: Chemnitz) von der neuen Reiseregelung in Kenntnis gesetzt.

17.45 Uhr: Das Justizministerium erhebt verspäteten Einspruch gegen den Entwurf, der bestehenden Gesetzen zuwiderlaufe.

18.00 Uhr: Im DDR-Pressezentrum Mohrenstraße eröffnet Schabowski eine internationale Pressekonferenz und spricht über die ZK-Sitzung, ohne das Thema Flüchtlingswelle und Ausreisegesetz zu erwähnen. BRD- und DDR-Fernsehen übertragen live.

18.30 Uhr: Beim Abendessen in der Kantine des Grenzübergangs Bornholmer Straße verfolgt der diensthabende Offizier Generalleutnant Harald Jäger die Pressekonferenz im DDR-Fernsehen.

18.52 Uhr: Der italienische Korrespondent Riccardo Ehrman fragt nach den Reisemöglichkeiten für DDR-Bürger. Schabowski verweist nun auf die neue Reiseregelung und sucht nach dem Text, den er schließlich hastig und monoton vorliest. Allerdings lässt er den Absatz über Antrag und Bewilligung aus und ignoriert die Sperrfrist am Ende der zweiten Seite. Ungläubig vernehmen die Journalisten, dass sich die Regelung auch auf vorübergehende Urlaubsreisen bezieht. Ein deutscher Journalist fragt, wann die Regelung in Kraft trete, worauf Schabowski sagt:

Das tritt nach meiner Kenntnis ... ist das sofort, unverzüglich.

Außerdem bestätigt er, selbst erkennbar erstaunt, dass sich die Regelung auch auf die Ost-Berliner Grenzübergänge nach West-Berlin bezieht.

19.00 Uhr: Auf die Frage, was denn nun mit der Berliner Mauer geschehe, verweist Schabowski auf die Uhrzeit, spricht allgemein von Abrüstung und beendet die Pressekonferenz.

19.02 Uhr: Als erste Nachrichtenagentur bringt Reuters die Nachricht von der angekündigten Grenzöffnung.

19.03 Uhr: Offiziere verschiedener Grenzübergangsstellen telefonieren mit übergeordneten Dienststellen für Instruktionen im Umgang mit der besonderen Situation und erhalten zur Antwort: Dienst wie immer. Am Übergang Bornholmer Straße warten bereits einige DDR-Bürger auf Ausreise.

19.04 Uhr: DPA folgt ebenso wie die DDR-Agentur ADN.

19.05 Uhr: Associated Press meldet: DDR öffnet Grenze.

19.05 Uhr: Der sowjetische Botschafter hat die PK im Fernsehen gesehen und versteht nicht, wie die DDR-Regierung ohne Erlaubnis Moskaus die Berliner Mauer öffnen kann. Die Regierungen der Westmächte sind ebenso überrascht. US-Außenminister Baker bringt beim Lunch mit dem Präsidenten der Philippinen spontan einen Toast aus.

19.10 Uhr: Auf vielen DDR-Bahnhöfen sehen sich Schalterbeamte mit DDR-Bürgern konfrontiert, die ohne Visum eine Fahrkarte in die Bundesrepublik kaufen wollen.

19.15 Uhr: Nachdem der Regierende Bürgermeister Walter Momper auf einer Veranstaltung im Springer-Verlagshaus von Schabowskis Informationen erfährt, steht er am Fenster des 18. Stocks und schaut hinüber nach Ost-Berlin. Mit Polizeieskorte, Blaulicht und Martinshorn lässt er sich dann zum SFB-Sendehaus am Theodor-Heuss-Platz fahren.

19.17 Uhr: ZDF-heute bringt die Nachricht als sechste Meldung ihrer Sendung.

19.20 Uhr: Das Innenministerium weist Volkspolizei und Bahnhöfe an, versuchten Fahrkartenerwerb für Westreisen nicht wie sonst sofort zu ahnden.

19.25 Uhr: Nach einem vorab verabredeten Interview für den NBC-Korrespondenten Tom Brokaw lässt sich Schabowski nach Wandlitz fahren, wo er wohnt.

19.30 Uhr: Grenzoffizier Jäger beauftragt seine Mitarbeiter am östlichen Zugang zum Grenzübergang Bornholmer Straße, Wartende wegzuschicken. Die meisten der inzwischen bis zu 100 DDR-Bürger bleiben trotzdem.

19.32 Uhr: Die DDR-Hauptnachrichten *Aktuelle Kamera* bringen die Nachricht als zweite Meldung, aber mit dem Hinweis auf Antragstellung.

19.35 Uhr: Der Regierende Bürgermeister Momper verkündet live in der Berliner *Abendschau*, nun geschehe, worauf die Berliner 28 Jahre gewartet hätten.

19.40 Uhr: Überall in Ost-Berlin leeren sich die Kneipen. Ein DDR-Bürger beschwert sich telefonisch im Polizeikommissariat Keibelstraße, weil ihm auf einer Polizeiwache ein Sofortvisum verweigert wurde.

19.41 Uhr: DPA meldet: »DDR-Grenze zur Bundesrepublik und nach West-Berlin ist offen!«

19.45 Uhr: Am Übergang Sonnenallee verlangen DDR-Bürger mit Verweis auf die Medienberichte, nach West-Berlin gelassen zu werden.

19.50 Uhr: Die Volkspolizei informiert per Rundschreiben alle Berliner Inspektionen, Anträge zur Ausreise würden ab dem nächsten Tag entgegengenommen. Die Grenzübergangsstellen sollen personell verstärkt werden. Auf der Westseite des Brandenburger Tors gehen Lichter an, als NBC Aufbauten errichtet, um live zu berichten.

20.00 Uhr: Die ARD-Tagesschau beginnt mit der Schlagzeile »DDR öffnet Grenze«.

20.25 Uhr: Grenzer am Übergang Bornholmer Straße schätzen die Zahl der DDR-Bürger auf mehrere hundert. Generalleutnant Jäger erhält von Vorgesetzten weiterhin nur die Anweisung, niemanden ohne Visum über die Grenze zu lassen und die Leute auf den nächsten Tag zu vertrösten.

20.30 Uhr: Am Grenzübergang Sonnenallee verlangen 15 Jugendliche Durchlass nach West-Berlin. Bei seinem Staatsbesuch in Warschau erfährt Bundeskanzler Kohl von den Ereignissen.

20.47 Uhr: Im ZK-Gebäude beendet Egon Krenz die Sitzung des SED-Zentralkomitees.

20.46 Uhr: Im Bundestag in Bonn gibt Kanzleramtsminister Seiters eine Erklärung der Bundesregierung ab.

21.00 Uhr: Ein oder zwei lautstarke Bürger dürfen nach West-Berlin ausreisen. Ihre Personalausweise werden ungültig gestempelt: Sie sind damit ausgebürgert und sollen nicht mehr in die DDR zurückkehren dürfen. Am Brandenburger Tor klettern laut Stasiberichten erste Westberliner auf die Mauer.

21.05 Uhr: Bei einem seiner Dutzenden Anrufe wird Major Jäger als stiller Zuhörer einem Telefonat seines Vorgesetzten mit einem hohen Stasioffizier zugeschaltet, der Jägers Fähigkeiten abfällig in Frage stellt. Jäger, der seit dem Mauerbau untadeligen Grenzdienst versehen hat, wird wütend. Bei einem weiteren Telefonat kurz darauf erhält er die Anweisung, besonders renitente DDR-Bürger ausreisen zu lassen. Die »Ventillösung« soll die explosive Situation entschärfen. Andere Grenzübergänge erhalten dieselbe Instruktion.

21.10 Uhr: Nachdem die Abgeordneten im Bonner Bundestag spontan die Nationalhymne angestimmt haben, wird die Parlamentssitzung beendet.

21.20 Uhr: Am Grenzübergang Bornholmer Straße wird die Ventillösung angewandt, erste DDR-Bürger dürfen ausreisen.

21.34 Uhr: Auf einer Pressekonferenz in Washington informieren US-Präsident George Bush und Außenminister James Baker über die Ereignisse in Berlin.

21.40 Uhr: Auch am Grenzübergang Sonnenallee wird die Ventillösung angewandt.

22.05 Uhr: Dutzende Westberliner dringen von der Westseite auf den Checkpoint Charlie vor. Grenzer schicken die »Provokateure« zurück.

22.28 Uhr: Die Spätausgabe der *Aktuellen Kamera* des DDR-Fernsehens betont, dass für Ausreisen Anträge gestellt werden müssen.

22.40 Uhr: Am Checkpoint Charlie haben Grenzer eine Kette gebildet, um Westberliner am Grenzübertritt zu hindern.

22.42 Uhr: Die ARD-Tagesthemen beginnen verspätet. In einer Live-Schaltung zum erkennbar geschlossenen Grenzübergang Invalidenstraße berichten Westberliner, der Übergang Bornholmer Straße sei bereits offen, sie kämen von dort.

Tagesthemen-Moderator Hanns-Joachim Friedrichs zu Beginn der Sendung am 9. November 1989: *Guten Abend, meine Damen und Herren. Im Umgang mit Superlativen ist Vorsicht geboten, sie nutzen sich leicht ab, aber heute Abend darf man einen riskieren: Dieser 9. November ist ein historischer Tag: Die DDR hat mitgeteilt, dass ihre Grenzen ab sofort für jedermann geöffnet sind. Die Tore in der Mauer stehen weit offen.*

23.00 Uhr: Am Grenzübergang Sonnenallee hat sich ein Trabirückstau von einem Kilometer Länge gebildet. Am Checkpoint Charlie werden die Rollgittertore geschlossen.

23.15 Uhr: Auf der Bornholmer Straße vor dem Grenzübergang drängeln sich Zehntausende DDR-Bürger.

23.20 Uhr: Grenzsoldaten bringen ein Kamerateam von Spiegel TV zum Verhör in ein Gebäude des Grenzübergangs, weil sie auf DDR-Gelände gefilmt haben.

23.30 Uhr: Jäger beschließt eigenmächtig, den Grenzübergang zu öffnen, und informiert seinen Vorgesetzten, der protestiert. Doch die Schlagbäume am Übergang Bornholmer Straße gehen nach oben. Spiegel-TV filmt fassungslose Grenzer und Menschenmassen, die den Grenzübergang stürmen. In der ersten Dreiviertelstunde passieren geschätzte 20 000 DDR-Bürger den Grenzübergang in Richtung Westen.

23.57 Uhr: Die Menschen auf der Mauer am Brandenburger Tor befolgen keine Anweisungen der Grenzsoldaten mehr.

0.00 Uhr: Als am Checkpoint Charlie der Druck der Massen zu groß wird, geben die Grenzer auf und »fluten« die Grenze: Sie heben die Schlagbäume. In der Sowjetischen Botschaft Unter den Linden beschließt der stellvertretende Botschafter Maximytschew, Moskau vorerst nicht zu informieren, um vorschnelle Reaktionen zu vermeiden.

00.17 Uhr: Der Übergang Sonnenallee meldet das Ende der Kontrollen. Nach und nach öffnen auch die anderen Berliner Grenzübergänge. Am Brandenburger Tor bringen DDR-Grenzer Wasserwerfer gegen die Mauerkletterer in Position.

00.20 Uhr: Die Befehlsspitze der NVA löst für die Berliner Grenzregimenter mit ihren 12 000 Soldaten erhöhte Gefechtsbereitschaft aus. Weitere Befehle erfolgen nicht, daher bleibt die Maßnahme ohne Konsequenzen.

00.27 Uhr: Am Brandenburger Tor versuchen die Grenzsoldaten, die übermütigen Mauerkletterer mit Wasser zu bändigen. Sehr stark ist der Wasserstrahl nicht, offenbar sind die Schläuche schadhaft.

0.30 Uhr: Am Brandenburger Tor beginnt Tom Brokaw die Liveübertragung in die USA. An der Ostküste ist es 18.30 Uhr, Bilder vom offenen Grenzübergang Bornholmer Straße und Live-Aufnahmen vom Brandenburger Tor flackern über US-Fernsehbildschirme.

NBC-Korrespondent Tom Brokaw, 1989: *Vor meinen Augen tanzte die Freiheit.*

Fünf Orte des Mauerfalls

Zentralkomitee der SED

Das »Haus am Werderschen Markt« südlich des Schlossplatzes gehört heute zum Außenministerium, dessen Neubau der bekanntere Teil ist. Der Altbau aus Backstein stammt aus der NS-Zeit und wurde 1933–40 als Erweiterungsbau der Reichsbank errichtet. Mit mehr als einer halben Million Kubikmeter umbauten Raums ist es nach dem Flughafengebäude Tempelhof das zweitgrößte Gebäude der Stadt. 1958 zog das Zentralkomitee (ZK) der SED ein und damit die Machtzentrale der DDR. Am 8. November 1989 trat dort das ZK zu einer dreitägigen Sitzung zusammen, während der am 9. November wie nebenbei ein neues Reisegesetz beschlossen wurde.

Die Bedeutung dieses Ortes für den Mauerfall wird selten gewürdigt. Das ist einerseits völlig in Ordnung, weil das Wichtige am Mauerfall ja vor allem darin liegt, dass die DDR-Bürger die Grenzöffnung erzwangen. Noch dazu war das Zentralkomitee der SED Sitz der Partei, die über das Land bestimmte und der Demokratie keine Chance gab. Im ersten Artikel der Verfassung der DDR wurde der SED die Führungsrolle garantiert. Sie wurde einmal als »Machtapparat in der Verkleidung einer Partei« bezeichnet. Andererseits ist für die Ereigniskette des 9. November dieser Ort von großer Wichtigkeit, weil hier das jahrzehntelang stabile System DDR, das nichts dem Zufall überlassen wollte, folgenreich versagte.

Im »Haus am Werderschen Markt« arbeiteten rund 2000 Menschen. Das ZK, das aus rund 200 Mitgliedern und Kandidaten bestand, trat zweimal jährlich zusammen und hatte die formale Aufgabe, abzunicken, was das Politbüro als elitärer Führungszirkel mit rund 20 Mitgliedern beschloss. Zwischen dem 8. und dem 10. November war nun das Zentralkomitee der Ort einer teilweise chaotischen Sitzung. Parteichef Honecker war gerade drei Wochen zuvor gestürzt worden. Die ganze Ordnung befand sich in einem Auflösungsprozess. 2,3 Millionen Mitglieder hatte die Partei, von denen gerade Zehntausende austraten, weil sie nicht mehr glaubten, dass die Parteiführung in diesen dramatischen Zeiten die richtigen Antworten fand. Unter Egon Krenz agierte sie eher hilflos und blieb gefangen im System, die Delegierten waren schlichtweg überfordert. Die schockierende Erkenntnis, wie nah der Staat dem wirtschaftlichen Bankrott bereits war, ließ Warnungen aus dem Apparat der Stasi verpuffen, dass die Dinge außer Kontrolle zu geraten drohten, wenn nicht umgehend repressiv eingegriffen werde. Hilflos versuchte Krenz zaghafte personelle Erneuerungen bei gleichzeitiger Kontinuität. Rückblickend wirkt frappierend, wie die Wirklichkeit mit Riesenschritten hinwegeilte über die Sitzung, die zusammenhalten wollte, was längst unwiderruflich in Auflösung begriffen war.

Am zweiten Tag der ZK-Sitzung beschleunigte sich hier die Weltgeschichte, die an diesem Tag ohnehin schon ein ziemliches Tempo vorlegte. Das zeigte sich später bei Schabowskis Pressekonferenz und in der Nacht am Grenzübergang Bornholmer Straße. Den überarbeiteten Entwurf eines neuen Reisegesetzes schien niemand in Ruhe gelesen und bedacht zu haben. Sowohl die Parteiführung des Politbüros wie auch später das Plenum des ZK nickten die Reiseregelung ab, ohne den Text wirklich zu kennen. Keiner wusste, was passieren würde, wenn nicht nur »permanente Ausreisen«, sondern auch Urlaubsreisen nach Westen erlaubt waren. Die Sowjets wurden bei dieser Entscheidung im Unklaren gelassen, obwohl sie bei der Öffnung der Berliner Mauer ein Wörtchen mitzureden gehabt hätten. Und schließlich gab Egon Krenz den Text aus nicht geklärten Gründen an Günter Schabowski für die Pressekonferenz weiter. Dabei kannte er die Sperrfrist, und die Veröffentlichung am kommenden Tag war bereits in die Wege geleitet. So nahm die Geschichte ihren Lauf.

Geradezu absurd erscheint die Tatsache, dass am Tag nach dem Mauerfall die Sitzung wie geplant um 9 Uhr weiterging und man, statt sich der neuen Realität zu stellen, die Diskussion des Vortages über die wirtschaftliche Lage fortsetzte. Um 10 Uhr ging

Krenz kurz auf die Grenzöffnung ein, aber danach ging es ohne Aussprache um Reformen, die »dem Sozialismus wieder Dynamik verleihen« sollten. Erst um 13 Uhr wurde die Sitzung vorzeitig beendet, ohne dass eine Idee bestand, wie es nun weitergehen solle. Aber das war plötzlich unwichtig geworden, denn die vorangegangene Nacht hatte dem System DDR bereits den Todesstoß versetzt. Bis zu den Wahlen im März 1990 würde die DDR-Regierung nun den rasanten Entwicklungen hinterherrennen, ohne die Initiative noch einmal ergreifen zu können.

DDR-Presseamt Mohrenstraße

Nicht weit entfernt vom Gebäude des SED-Zentralkomitees liegt in der Mohrenstraße das ehemalige Presseamt der DDR, heute residiert hier die Berliner Außenstelle des Bundesjustizministeriums. Pressearbeit in der DDR war Verlautbarungsarbeit, und Pressekonferenzen waren so langweilig wie vorhersehbar. Und doch wurde eine DDR-Pressekonferenz zur berühmtesten der Weltgeschichte, weil Regierungssprecher Schabowski am 9. November 1989 die Weltöffentlichkeit voreilig, überhastet und lückenhaft über das neue Reisegesetz in Kenntnis setzte.

Da 1989 der gesamte Ostblock und Anfang November insbesondere die DDR in Aufruhr war, fand die lange anberaumte internationale Pressekonferenz anlässlich der ZK-Sitzung viel Aufmerksamkeit. Doch zunächst hatte das Ganze zwei bekannte Merkmale: Der Raum der Pressekonferenz war überheizt, und was berichtet wurde, war uninteressant. 52 Minuten lang gab Schabowski in gewohnter Manier und geübtem DDR-Sprech Nichtssagendes von sich. Beide Faktoren führten dazu, dass viele der anwesenden Journalisten einnickten. Ab 18.52 Uhr aber machte Schabowskis Antwort auf die Frage eines italienischen Korrespondenten die Journalisten hellwach.

Riccardo Ehrman, für seine Frage später zum Ehrenbürger der Stadt Berlin ernannt, wollte wissen, ob die DDR-Regierung denn wegen des drängenden Problems der Flüchtlinge über Drittländer etwas zu unternehmen gedenke. Da plötzlich geschah Unerhörtes: Schabowski, der die verabschiedete neue Reiseregelung bisher nicht erwähnt hatte, wurde plötzlich hektisch, sprach die Zuhörer fälschlich mit Genossen an und begann nach dem Text zu suchen. Gleichzeitig ließ er mit viel Stottern wissen, die Regierung habe tatsächlich eine Neuregelung verabschiedet. Die Zuhörer wurden mit einem Mal hellwach. Als Schabowski in seinen Unterlagen den Text gefunden hatte, begann er schnell und monoton vorzulesen, was die Journalisten sogleich als Sensation begriffen. Dabei las er nicht den gesamten Text, sondern ließ jene Modalitäten weg, die den weiteren

Abend womöglich anders hätten verlaufen lassen: dass fürs freie Reisen nach wie vor ein Antrag zu stellen war. Auch deshalb dauerte das Ganze nur ein paar Minuten, in denen zwei Nachfragen seitens der Journalisten wichtig waren: Die erste danach, wann das Ganze denn in Kraft trete, beantwortete Schabowski mit dem berühmten Satz, nach seiner Kenntnis sei das »sofort, unverzüglich«. Die zweite Frage, ob das denn auch für die Berliner Mauer gelte, konnte er nach Blick in den Text bestätigen. Als er dann noch gefragt wurde, was denn nun mit der Mauer passieren werde, verfiel er wieder in sozialistische Plattitüden und beendete die Pressekonferenz. Die Journalisten aber wetteiferten darum, als Erste die Nachricht an ihre Heimatredaktionen weiterzugeben.

Der Raum, in dem die Pressekonferenz stattfand, liegt im Gebäude und ist öffentlich nicht zugänglich. Eine Installation aber ist von der Straße aus zu sehen, mit Erläuterungen zu dem Stück Weltgeschichte, das sich hier abspielte. Die Installation des Künstlers Ulrich Schröder aus dem Jahr 2000 heißt »Die Verkündung der Reisefreiheit«. Für die steht das offene Meer auf einem großen Bildschirm. Davor Stuhlreihen wie bei einer Pressekonferenz, die aber auf einer schiefen Ebene stehen. Denn mit der Verlesung der neuen Reisebestimmungen gerieten die Dinge in Bewegung, wie auf einer schiefen Ebene kam alles ins Rutschen.

Bornholmer Straße

Der Grenzübergang Bornholmer Straße zwischen Wedding und Prenzlauer Berg spielte in der Zeit der Mauer keine besondere Rolle – weder wurden auf der Bösebrücke Spione ausgetauscht, noch gelangen hier besonders spektakuläre Fluchten. Er lag immer ein bisschen abseits des Geschehens, obwohl die Anlage recht groß war. Ein Areal auf der Südseite der Brücke, wo heute ein Supermarkt und Wohnbauten stehen, gehörte mit diversen Gebäuden zum Grenzübergang, der zum dortigen Wohngebiet und zu den Kleingärten im Norden gut abgesichert war. Nach Westen hin fuhren unter der Bösebrücke, die bis über die Bahngleise zu Ost-Berlin gehörte, nebeneinander S-Bahnen Ost und S-Bahnen West, und in der einen sitzend, konnte man gelegentlich die andere pfeifen oder rattern hören. Dazwischen aber stand die Mauer, die hier höher war als irgendwo sonst, um Fluchten über die Gleise zu vereiteln. Auf der Ostseite des Grenzübergangs ging es für Zivilisten an der Ecke Björnsenstraße nicht mehr weiter. Normalerweise verirrten sich keine DDR-Bürger hierher, zumal sich verdächtig machte, wer sich ohne Visum in der Nähe eines Grenzübergangs herumtrieb.

In der Nacht des Mauerfalls geriet der Grenzübergang ins Zentrum der Ereignisse, weil hier besonders viele DDR-Bürger die Nachricht von der Reisefreiheit auf ihren Wahrheitsgehalt überprüfen wollten. Die ersten Menschen trafen schon kurz nach 19 Uhr ein, und schon kurz nach 20 Uhr begehrte eine ungewohnt große und stetig wachsende Menge Menschen auf der Ostseite des Grenzübergangs Durchlass nach Westen. Das war sicher auch deshalb der Fall, weil der Prenzlauer Berg für seine regimekritische Bevölkerung bekannt war. Diensthabender Offizier der Grenztruppen war an diesem Abend Oberstleutnant Harald Jäger – ein alter Hase, der seit dem Mauerbau am Grenzübergang Bornholmer Straße die Staatsgrenze der DDR bewachte und als untadeliger Soldat und Sozialist galt. An diesem Abend aber handelte er eigenmächtig. Über Stunden telefonierte er immer wieder mit seinem Vorgesetzten, um Anweisungen zu erhalten, wie er mit der minütlich wachsenden Zahl an Bürgern, die nach West-Berlin wollten, umgehen sollte. Hilfreiche Befehle erhielt er jedoch nicht, die militärische Befehlskette der Grenztruppen versagte in dieser Nacht. Gleichzeitig kamen immer mehr Leute zum Grenzübergang. Von der Anhöhe der Brücke aus war zu erkennen, dass die Menge bis weit hinunter zur Ecke Schönhauser Allee reichen musste. Harald Jäger platzte der Kragen, als sein Vorgesetzter ihn heimlich seinem Gespräch mit einem hohen Stasioffizier zuschaltete und Jäger mithörte, wie er als unfähig bezeichnet wurde. Als er noch etwas später den Entschluss gefasst hatte, die

Schlagbäume zu öffnen, rief er seinen Vorgesetzten ein letztes Mal an, setzte ihn darüber in Kenntnis und ignorierte dessen Einwände. So kam zur Unfähigkeit des DDR-Systems, auf die beschleunigte Ereigniskette dieses Tages zu reagieren, noch der Mut eines örtlichen Verantwortlichen, der einsam eine historische Entscheidung traf. Jägers Beispiel machte Schule, denn innerhalb einer Stunde hoben auch die anderen sieben Grenzübergänge der Berliner Mauer ihre Schlagbäume und ließen jubelnde Menschen die andere Hälfte der Stadt besuchen.

Zwar gibt es hier zur Erinnerung einen »Platz des 9. November« sowie eine Gedenktafel, große Fotowände fangen das Geschehen der Nacht ein, aber der Grenzübergang selbst wie die anderen ist nicht mehr sichtbar. Nur ein paar Zäune und Reste der Hinterlandmauer, die zugleich den Grenzübergang umfasste, lassen sich noch ausmachen. Auf dem Fußweg zwischen Björnsenstraße und Bösebrücke sind Metallbänder eingepasst, die die zeitliche Abfolge der Ereignisse des 9. November dokumentieren. Die großen Fotos zeigen, wie die ersten DDR-Bürger fassungslos vor Glück und mit Freudentränen in den Augen an entgeisterten Grenzsoldaten vorbei nach Westen laufen und wie durchfahrende Trabis auf der Westseite jubelnd begrüßt werden.

Brandenburger Tor

Der berühmte US-Journalist Tom Brokaw war einer der Teilnehmer der Pressekonferenz und sendete in der Nacht des 9. November live vom Brandenburger Tor, zur besten Sendezeit in den Vereinigten Staaten. Hauptorte des Geschehens mochten die Grenzübergänge sein, durch die Ostberliner strömten, aber als Symbolort der Teilung und für TV-Aufnahmen bot sich das Brandenburger Tor natürlich an. In jener Nacht war es zunächst Anlaufstelle für Westberliner, und die Bilder von Menschen, die auf der hier breiten Mauerkrone tanzten, gingen um die Welt. Zwischen ein und zwei Uhr morgens war es sogar möglich, auf der Ostseite der Mauer hinunterzuspringen und durchs Tor zu laufen, bis die Soldaten das nicht mehr erlaubten. Hier hielten Elitesoldaten des Stasi-Regiments Feliks Dzierzynski Wache, bestens geschulte und ideologisch gefestigte junge Männer, die in jener Nacht aber auch Herz zeigten: Für kurze Zeit erlaubten die Grenzsoldaten am Brandenburger DDR-Bürgern den Zugang zum Tor, das sie ihnen 28 Jahre vorenthalten hatten. Auf der Mauerkrone kamen Ost- und Westdeutsche zusammen, stießen mit Sekt an, sangen und tanzten gemeinsam. Nachdem die Soldaten das Tor wieder abgeriegelt und unbewaffnet einen Halbkreis vor dem Tor gebildet hatten, ließen sie sogar noch eine alte Dame durch, die darum flehte, einmal durchs Brandenburger Tor laufen zu können.

Nach der Wiedervereinigung war die Neubebauung des Pariser Platzes ein Streitfall nicht nur für Berliner. Sollte die Vorkriegsbebauung wieder errichtet werden? Und was würde mit dem Verkehr auf dieser einst wichtigen Ost-West-Achse? Am Ende wurde modern gebaut, aber mit strengen Vorgaben und im Maßstab der historischen Bauten. Nur das Hotel Adlon wurde seinem Vorläufer nachgebaut. Auch die beiden Botschaften, die vor dem Krieg hier ansässig gewesen waren, kehrten zurück, so dass die engsten Verbündeten Deutschlands, Frankreich und die USA, auf beiden Platzseiten wieder vertreten sind. Die Verkehrsfrage löste der Regierende Bürgermeister Wowereit bald nach Amtsantritt und ließ den Platz zum Fußgängerbereich umgestalten. Was zunächst heiß umstritten war, wurde ein voller Erfolg, und plötzlich wollten alle schon immer dasselbe im Sinn gehabt haben.

Solange das Einheitsdenkmal vor dem Humboldtforum nicht fertig ist, bleibt das Brandenburger Tor das Denkmal für Mauerfall und Wiedervereinigung. Und auch danach wird vermutlich das Protokoll bei Staatsbesuchen vorschreiben, dass offizielle Staatsgäste dem Tor ihre Reverenz erweisen müssen. So wie es Jahr für Jahr Millionen Touristen tun, die Deutschlands bekanntestes Bauwerk besuchen.

Ku'damm

In der Nacht des 9. November und in den Tagen nach
dem Mauerfall war die meistgestellte Frage in Berlin: »Wo geht's denn hier zum Ku'damm?« Sie kam
von DDR-Bürgern, die den Mythos nur aus dem
Westfernsehen kannten und endlich selbst in Augenschein nehmen wollten. Die berühmteste Straße
Berlins war für DDR-Bürger der Inbegriff des bun-
ten Westens mit seinem überwältigenden Warenangebot. Ostberliner Stadtpläne halfen da nicht weiter,
weil sie West-Berlin zur schmalen Randfläche degradierten, also fragte man, wen man gerade traf.
Da West-Berlin ja tatsächlich zum »Schaufenster des
Westens« erklärt worden war und entsprechend sub-
ventioniert wurde, konnte sich der Westen in seiner
Strategie bestätigt sehen. Das ist auch insofern lustig,
als der Kurfürstendamm bereits Ende des 19. Jahrhunderts als Konkurrenz zum Osten gebaut worden
war: Charlottenburg war damals eine selbständige,
sehr feine und stolze Stadt westlich von Berlin, die
aus dem Schatten der Hauptstadt treten wollte. So
erhielt die Kaiser-Wilhelm-Gedächtniskirche einen
Turm, der höher war als jeder andere Kirchturm Berlins, und als Vorbild für den mondänen Boulevard
wählte man nichts Geringeres als die Pariser Champs-
Élysées. Die Strategie ging auf, spätestens nach dem
Ersten Weltkrieg lief der schicke »neue Westen«, wie

er damals genannt wurde, dem alten Berlin den Rang ab. Das mondäne Berlin bewegte sich vor allem hier, wo zahllose Theater und Vergnügungstempel lockten und der Siegeszug des Kinos begann, und wo Künstlercafés schon mal Café Größenwahn genannt wurden, weil da große Reden geschwungen wurden.

Bis zum 9. November 1989 waren Trabis am feinen Kurfürstendamm ein seltener Anblick, aber nun kam es zu Trabistaus, und die ersten feinen Charlottenburger rümpften die Nasen ob der Abgaswolken. Doch die meisten kamen mit Blumen, die sie den Trabis an den Scheibenwischer steckten, oder mit Sektflaschen, die sie mit den Insassen teilten. Die Kneipen platzten aus allen Nähten, und gegenüber Ostberlinern zeigte man sich großzügig, wenn es ans Bezahlen ging. Zwischen dem KaDeWe am Wittenbergplatz und dem Kranzler-Eck war kein Weiterkommen mehr. Wenn es trotzdem ein Doppeldecker der BVG hindurchschaffte und noch dazu die Werbung des Berliner Wodkaherstellers der Marke Gorbatschow trug, hob Jubel an, denn die Menschen wussten, dass auch der sowjetische Parteichef seinen Beitrag geleistet hatte für das, was bei Molle und Korn ausgiebig begossen wurde. Am Ku'damm fand zunächst die Berliner Verbrüderung statt, die sich am folgenden Wochenende gesamtdeutsch ausweitete. Aus allen Landesteilen der DDR zog es die Leute vornehmlich nach Berlin. Und am folgenden Wochenende verdoppelte

West-Berlin mal eben seine Einwohnerzahl auf vier Millionen. Die vielen Besucher aus der DDR brachten den U-Bahn-Verkehr teilweise zum Erliegen. Die kühle Nacht verbrachten viele im Europa-Center, das Ostberlinern schon wegen des riesigen rotierenden Mercedessterns auf dem Dach ein Begriff war. Mitarbeiter schätzten die feiernde Menge in dieser Nacht auf mehrere hunderttausend Menschen, während an sonstigen Tagen maximal einige zehntausend das Einkaufszentrum besuchten.

Spätestens als am 10. November morgens die Geschäfte öffneten, kam es zu dramatischen Szenen, wenn Ostdeutsche das westliche Warenangebot der Supermärkte und Kaufhäuser inspizierten. Man wusste natürlich theoretisch, was da alles geboten war, aber inmitten der Konsumtempel zu stehen und statt Mangel Überfluss zu sehen, war noch einmal etwas anderes. Vor den Banken bildeten sich lange Schlangen, weil jedem DDR-Bürger 100 DM Begrüßungsgeld zustanden. Diese Regelung war 1970 eingeführt worden, um DDR-Rentnern, für die die Mauer durchlässig geworden war, etwas in die Hand zu geben, da die DDR-Mark im Westen als nicht konvertierbare Währung nicht akzeptiert wurde. Nun aber kam es zum Ansturm auf die Banken vor allem in Grenznähe und eben am Ku'damm, und der Westberliner Senat ordnete an, dass die Banken einstweilen Tag und Nacht geöffnet sein sollten. In den ersten drei Wochen nach dem Mauerfall ließ die Bundesregierung über die Banken insgesamt 1,8 Milliarden DM Begrüßungsgeld an besuchende DDR-Bürger auszahlen. 1988 waren im gesamten Jahr gerade mal 250 Millionen DM Begrüßungsgeld ausgezahlt worden.

Kein Ende der Geschichte.
Nach dem Mauerfall

»Freiheit kann auf Dauer
nicht eingemauert werden.«

Bundespräsident Richard von Weizsäcker,
12. November 1989

Wenig erstaunlich, geriet die Maueröffnung in Berlin zum Freudentaumel. Hier war unmittelbar zu erleben, dass die Teilung für die Stadt eben doch noch eine schmerzende, allenfalls leidlich verschorfte Wunde war. In der Bundesrepublik dagegen hatte sich eine Mehrheit der Deutschen innerlich längst vom Osten entfernt. Doch die Freude wirkte ansteckend, und Berlin war noch für einige Zeit völlig aus dem Häuschen. Natürlich hielt diese Euphorie nicht ewig an, denn der Alltag ergriff auch Berlin mit seiner jetzt durchlässigen Mauer. Es schlug die Stunde der Bürokratie, die eine Leistungsfähigkeit an den Tag legte, die man ihr heute nicht mehr zutrauen würde. Westberliner Senat und Ostberliner Magistrat begannen rasch zu kooperieren, schon um die drängendsten Herausforderungen zu bewältigen. Bald aber ging es darum, die Wiedervereinigung der Stadt vorzubereiten. Zu ihrer ersten gemeinsame Sitzung kamen Senat (West) und Magistrat (Ost) am 12. Juni 1990 zusammen.

Zunächst öffneten in den Wochen nach dem Mauerbau zahlreiche neue Grenzübergänge, weil die bestehenden angesichts des Besucheransturms hoffnungslos überlastet waren. Immer wieder blieben Passanten stehen und applaudierten den Baggern, die dafür Mauersegmente aus der Grenzlinie hoben. Besonders bewegend war für die Berliner, als kurz vor Weihnachten 1989 das Wahrzeichen Brandenburger Tor wieder passierbar wurde. Außerdem wurde zum

Jahresende der Mindestumtausch für Westbesucher in Ost-Berlin ersatzlos gestrichen. Erste grenzüberschreitende Buslinien wurden eingerichtet, und der Senat heuerte in Westdeutschland Busse mitsamt Fahrern an, um einen dichteren Takt im Nahverkehr anbieten zu können. Mit der Wirtschafts- und Währungsunion entfielen zum 1. Juli 1990 die Grenzkontrollen an der Berliner Mauer. Am selben Tag öffneten die ehemaligen Geisterbahnhöfe – und am Bahnhof Friedrichstraße fand man sich nicht mehr zurecht, weil im vormaligen Grenzübergangslabyrinth plötzlich alles offen stand. Langwieriger war die infrastrukturelle Wiedervereinigung der Stadt: Brücken mussten gebaut, Straßen wiederhergestellt, U- und S-Bahnlinien wieder verbunden werden. Das konnte dauern, wie das Beispiel S-Bahn-Ring zeigt, der erst 2002 wieder komplett in Betrieb genommen wurde. In den 90er Jahren wurde Berlin zu einer einzigen Großbaustelle, die die Stadt bis heute mehr oder weniger geblieben ist. Doch längst hat sich das Stadtbild grundlegend verändert: Die Stadt ist bunter und vielfältiger geworden, und im Zentrum wurden vor allem entlang der Mauer Stadtviertel wieder zusammengefügt und damit Wunden verschlossen. Berlin ist heute wieder eine Weltstadt, die auf den Straßen babylonisches Sprachengewirr und auf den Restauranttischen internationale Vielfalt zu bieten hat.

Zeitgleich zu den ersten gesamtdeutschen Wahlen am 2. Dezember 1990 wählten die Berliner in Ost und West wieder ein gemeinsames Abgeordnetenhaus. Aus der Viermächtestadt Berlin wurde ein Bundesland, auch wenn die Besatzungsmächte, die nun keine mehr waren, noch bis 1994 blieben. Als letzte zogen die sowjetischen Streitkräfte ab. Schon am ersten Jahrestag der Wiedervereinigung bezog der Regierende Bürgermeister das Rote Rathaus als Amtssitz, anderthalb Jahre später folgte der Umzug des Berliner Landesparlaments vom Rathaus Schöneberg ins ehemalige Preußische Abgeordnetenhaus in der Niederkirchnerstraße. Um die Verwaltungskosten der Millionenstadt zu verringern, wurde 2001 mit einer Bezirksreform die Zahl der Bezirke von 23 auf 12 reduziert, zudem wurde nach und nach der öffentliche Dienst auf ungefähr die Hälfte eingedampft. Letzteres führt heute, in der nunmehr rasch wachsenden Stadt, zu größeren Problemen.

Schon früher gab es massive wirtschaftliche Schwierigkeiten, denn beide Stadthälften hatten jahrzehntelang am Tropf staatlicher Subventionen gehangen. Der Osten der Stadt wurde vom wirtschaftlichen Umwälzungsprozess hart getroffen. Die Hälfte aller Industriearbeitsplätze in Berlin entfiel, die Berliner Arbeitslosenrate stieg fast jedes Jahr weiter an, bis sie 2004 desaströse 21,4 Prozent erreichte und seither rapide sinkt. Der nach dem Mauerfall vorschnell prophezeite Boom ließ also noch viele Jahre auf sich warten, ebenso der Bevölkerungszuwachs. Noch immer wundern sich ausländische Touristen, wie die Hauptstadt eines so reichen Landes wirtschaftlich so hinterherhinken kann. Bis heute wirkt sich aus, dass Banken und Börse sowie große Unternehmen wie Siemens, Lufthansa, Karstadt oder Osram nach dem Krieg ihre Zentralen nach Westdeutschland verlegten und nicht mehr zurückkehrten. Inzwischen aber, dreißig Jahre nach dem Mauerfall, geht es wirtschaftlich steil bergauf, weil neue Branchen die abgewanderten ersetzen. Und da die Stadt gleichzeitig Geschichte atmet und Aufbruch lebt, kommen immer mehr Besucher in die Stadt. Die Zahl der Hotelübernachtungen liegt mit rund 34 Millionen pro Jahr nur noch wenig unter denen von Paris. Diesen Boom, der vor rund fünfzehn Jahren einsetzte, hat wohl niemand in diesem Ausmaß vorausgesehen.

Der Beschluss des Deutschen Bundestages im Juni 1991, Regierung und Parlament nach Berlin umziehen zu lassen, war für diese Entwicklung ungeheuer wichtig. Zwar war die Stadt mit der Wiedervereinigung wieder deutsche Hauptstadt geworden, aber die Entscheidung über den Sitz von Parlament und Regierung war aufgeschoben worden. Die Hauptstadtdebatte wurde engagiert geführt. Bonn hoffte auf die Unterstützung der mehrheitlich westdeutschen Abgeordneten, die die geruhsame Stadt am Rhein als Arbeitsort schätzten. Andere verwiesen auf Berlins Vergangenheit als Hauptstadt Nazideutschlands und früher noch Preußens, was die deutsche Geschichte mitunter verhängnisvoll dominiert hatte. Noch am Morgen der Abstimmung musste Berlin von einer Niederlage ausgehen, doch am Ende erhielt die Stadt im Bonner Bundestag überraschend eine kleine Mehrheit. Berlin als Hauptschauplatz des Kalten Krieges und der deutschen Teilung wurde zum Sitz von Parlament und Regierung bestimmt. Wie es wohl aus heutiger Sicht wirken würde, hätte man Parlament und Regierung in Bonn belassen? Bald begannen die Planungen für die Bundesbauten im heutigen Regierungsviertel, 1993 wurde Schloss Bellevue erster Amtssitz des Bundespräsidenten, 1999 zog das Parlament ins generalüberholte Reichstagsgebäude, 2001 wurde schräg gegenüber das neu gebaute Bundeskanzleramt fertiggestellt. Die moderne Architektur von Parlaments- und Regierungsviertel und anderer Bundesbauten trägt seither zur Anziehungskraft der Stadt bei.

Aber da der Mauerfall kein allein regionales Ereignis, sondern Weltgeschichte gewesen war, zog er mehr als nur die Wiedervereinigung einer Stadt nach sich. Auf mehreren Ebenen gerieten die Dinge in Bewegung: deutschlandweit, europaweit, ja weltweit. Deutschlandweit mit der Wiedervereinigung; europaweit mit dem Ende der kommunistischen Regime in Mittel- und Osteuropa und schließlich der Erweiterung der Europäischen Union; weltweit mit dem

Zerfall der Sowjetunion und ihres Machtblocks sowie der Auflösung des Verteidigungsbündnisses Warschauer Pakt, Gegenspieler der atlantischen NATO. Sogar vom Ende der Geschichte wurde gesprochen, weil mit dem Kalten Krieg die prägende Entwicklung der Nachkriegszeit überwunden schien. In einer Vorlesung zur Zeitgeschichte am 10. November 1989 an der Freien Universität freute sich der Dozent, dass nicht alle Studenten zu Hause im Feierkoma lagen, um sodann das Konzept der Vorlesung in Frage zu stellen: weil in der Nacht zuvor die Nachkriegsepoche zu Ende gegangen sei und man eben gerade eine neue Epoche der Zeitgeschichte beginne. Nicht erst im Rückblick, sondern mitten im Geschehen war klar, dass die Ereignisse in Berlin epochemachend waren.

Aufruf der Bürgerrechtler *Für unser Land* **vom 28. November 1989:** *Noch haben wir die Chance, in gleichberechtigter Nachbarschaft zu allen Staaten Europas eine sozialistische Alternative zur Bundesrepublik zu entwickeln.*

Wegen der Besonderheit der deutschen Teilung trat in der DDR bald die »nationale Wende« ein, und die deutsche Frage kam alles bestimmend auf die Tagesordnung. Bis zur Wiedervereinigung Deutschlands am 3. Oktober 1990 dauerte es nur elf Monate, dabei gerät rückblickend mitunter in Vergessenheit, dass es bei der Friedlichen Revolution zunächst nicht um eine

Wiedervereinigung gegangen war, sondern um Freiheit und Demokratie in der DDR. Den Akteuren der Bürgerbewegung kam die Grenzöffnung denn auch nicht wirklich gelegen, weil die Sache damit einen gesamtdeutschen Drall erhielt, dabei wollte man die Zweistaatlichkeit erhalten und nicht einfach Westen werden. Zwar sprach sich noch Anfang Dezember 1989 in einer Emnid-Umfrage eine breite Mehrheit der Ostdeutschen von 73 Prozent für einen eigenständigen Weg der DDR aus. Aber die Stimmung kippte längst – angesichts skandalöser Enthüllungen über die Staatselite und ihre Privilegien, der unglaubwürdigen Transformation der verhassten Stasi (Ministerium für Staatssicherheit) zur Nasi (Amt für nationale Sicherheit) und vor allem, als publik wurde, wie dramatisch schlecht die DDR wirtschaftlich dastand. Reform eines untauglichen Systems? Dann doch lieber das funktionierende Gegenmodell des Westens. Aus der Parole »Wir sind das Volk« wurde rasch »Wir sind *ein* Volk«, und als die Bundesregierung immer offener auf eine Wiedervereinigung drang, reagierten die meisten erleichtert bis begeistert – das System DDR geriet unwiderruflich ins Abseits, und eine Reform schien abwegig, wo es doch weiter westlich so viel besser lief.

Der Schriftsteller Rolf Schneider über die DDR-Bürgerrechtsgruppen, 27. November 1989: *Die Arbeiterschaft ist bei ihnen unterrepräsentiert. Seit dem*

10. November strömt diese über die Westgrenzen. Ihr volonté générale ist gesamtdeutsch.

Die nationale Wende bedeutete scharfen Gegenwind für die Bürgerbewegungen, die erklärtermaßen einen dritten Weg zwischen Staatssozialismus und westlicher Marktwirtschaft verfolgten. An zahlreichen Runden Tischen verhandelten seit dem 7. Dezember republikweit Bürgerrechtler und DDR-Staat über die Zukunft des Landes, doch für die Mehrheit der DDR-Bürger lag auf der Hand: Eine Wiedervereinigung war die beste Lösung, was wirtschaftlich gesehen zutraf, wenn man rückblickend dem ostdeutschen Weg die lange Mühsal der ehemaligen sozialistischen Bruderstaaten gegenüberstellt. Die Bundesregierung dagegen gewann großen Einfluss – Kanzler Kohl legte bereits Ende November einen Zehn-Punkte-Plan zur Deutschen Einheit vor. Zwar verweigerte Bonn Finanzhilfen an Ost-Berlin, solange keine demokratisch legitimierte Regierung am Ruder war, stellte für diesen Fall aber eine rasche Wirtschafts- und Währungsunion in Aussicht, schon um die massenhafte Abwanderung in die Bundesrepublik einzudämmen. Die Tatsache nämlich, dass Bonn nie eine eigene DDR-Staatsbürgerschaft anerkannt, sondern Ostdeutsche immer als Deutsche wie alle anderen behandelt hatte, erleichterte ungeduldigen Ostdeutschen die Jobsuche. Hunderttausende suchten ihr Glück in der Bundesrepublik, was dort angesichts hoher Arbeitslosenzahlen zunehmend auf Unmut stieß. Freude und Solidarität hatten Grenzen.

Kohls Zehn-Punkte-Plan

1. Offene innerdeutsche Grenzen
2. Umfassende Wirtschaftshilfen für die DDR
3. Deutsch-deutsche Kooperation bei politischen Reformen in der DDR
4. Dafür Vertragsgemeinschaft von Wirtschaft bis Gesundheit und Kultur
5. Schaffung konföderativer Strukturen
6. Prozess zur Wiedervereinigung im europäischen Kontext
7. Aufnahme osteuropäischer Reformstaaten in die EG (heute: EU)
8. Europäische Kooperation im KSZE-Prozess (heute: OSZE)
9. Abrüstung und Rüstungskontrolle USA und UdSSR
10. Vollendung der Deutschen Einheit

Der Wahlkampf für die ersten demokratischen Wahlen in der DDR lief bereits nach westlichem Muster. Die Bundesparteien fungierten als Paten der ostdeutschen Parteien, die sich (bis auf die neuen Sozialdemokraten und Grünen) gerade erst reformierten. Im Ergebnis wurde die Wahl vom 18. März 1990 nicht zuletzt zur Abstimmung über eine mögliche Wiedervereinigung und fiel so verheerend und demütigend für die Bürgerrechtsgruppen aus, wie sie triumphal war für die westlichen Parteien, die die einstigen Blockparteien unter ihre Fittiche genommen hatten. Damit war das Ziel der Wiedervereinigung demokratisch legitimiert. Angesichts der Umwälzungen geriet zur historischen Randnotiz, dass der politisch angeschlagene Helmut Kohl durch die Entwicklungen in der DDR und die sich abzeichnende Wiedervereinigung seine Kanzlerschaft rettete. Während die CDU mit über 40 Prozent gewann, war der Bedeutungsverlust der Bürgerrechtler dramatisch: Sie kamen auf gerade mal vier Prozent. Nur die Sozialdemokratische Partei, noch vor dem Mauerfall von Bürgerrechtlern gegründet, erreichte unter den Fittichen der westdeutschen Schwesterpartei knapp 22 Prozent.

Einstweilen aber gab es die DDR noch, deren Reformregierung am Runden Tisch mit der Opposition zusammenarbeitete, während das Land zerfiel, die Wirtschaft kollabierte und Hunderttausende im Westen auf Jobsuche gingen. Nach den Wahlen traten Bürgerrechtler in die Regierung ein und waren schon bald eigentlich nur noch damit befasst, den Staat DDR abzuwickeln beziehungsweise auf die Wiedervereinigung vorzubereiten. Am 1. Juli 1990 gingen die beiden deutschen Staaten bereits eine Währungs-, Wirtschafts- und Sozialunion ein, vor der

Wirtschaftsexperten eindringlich warnten. Fraglich ist allerdings, ob ein anderer Weg überhaupt möglich gewesen wäre. Die Einführung der D-Mark, von den DDR-Bürgern wie als Erlösung stürmisch bejubelt, sollte die Menschen von der Abwanderung nach Westen abhalten, wirtschaftlich aber versetzte es vielen DDR-Unternehmen den Todesstoß: Zum einen stiegen die Löhne über Nacht massiv, zum anderen brachen die Abnehmer in den mittel- und osteuropäischen Handelspartner weg. Die DM-Preise konnten sie nicht bezahlen. Für westliche Firmen bot sich dagegen ein lukrativer Absatzmarkt. In der Erwartung schneller Erfolge wurde über Nacht das westliche Wirtschaftssystem eingeführt, was die DDR-Bürger größtem Anpassungsdruck aussetzte. Parallel zum politischen Umbruch vollzog sich der von Wirtschaft und Alltag, und in kürzester Zeit mussten sich die DDR-Bürger auf andere Lebensverhältnisse einstellen. Die maroden DDR-Betriebe wurden abgewickelt, und die westdeutsche Wirtschaft verdrängte unliebsame Konkurrenz. Für Millionen bedeutete das den Verlust des Arbeitsplatzes. Dennoch begrüßten die meisten diesen Wandel zunächst als Befreiungsschlag und Schritt zu Wiedervereinigung und Wohlstand. Viele verhökerten den ungeliebten Trabi für ein gebrauchtes Westauto, nicht selten überteuert, sahen sich andererseits mit einem Status konfrontiert, den sie nicht kannten: arbeitslos. Das Leben änderte sich grundlegend: Plötzlich gab es alles zu kaufen, man musste sich über Nacht mit Preisunterschieden, einem neuen Rechtssystem, mit Arbeitssuche, windigen Geschäftemachern, Mietsteigerungen, Privatisierung und Versicherungen befassen, während Altgewohntes aus Ladenregalen verschwand und gewohnte Regeln fast ausnahmslos in Frage standen.

Damals entstand ein Missverständnis zwischen Deutschen in Ost und West, das bis heute zu Reibungen führt: Während die Westdeutschen der Meinung waren, für all die Investitionen im Osten Dankbarkeit erwarten zu können, waren Ostdeutsche eher der Ansicht, nun endlich zu bekommen, was ihnen vierzig Jahre lang verwehrt worden war. Wenn Westdeutsche ihren Landsleuten empfahlen, sich doch mal mit Polen, Tschechen oder Ungarn zu vergleichen, die einen viel steinigeren Weg zu beschreiten hätten, merkten sie bald, dass für die Ostdeutschen allein der deutsche Westen Maßstab war.

Doch nicht nur zwischenmenschlich waren die Dinge kompliziert. In Sachen Wiedervereinigung kam hinzu, dass die Deutschen darüber gar nicht frei entscheiden konnten. Weil Deutschland nie einen Friedensvertrag bekommen hatte, mussten die Siegermächte des Zweiten Weltkriegs zustimmen, und in drei der vier Hauptstädte hieß es mehr oder weniger klar: Non, No, Njet. Nur die US-Regierung unterstützte das Vorhaben uneingeschränkt, während die britische Premierministerin Thatcher unverhohlen vor einem »Vierten Reich« und deutscher Hegemonie über Europa warnte. Zu frisch war noch die Erinnerung an zwei Weltkriege und die NS-Zeit. Paris und Moskau waren nicht so kategorisch gegen eine Wiedervereinigung, mussten aber erst überzeugt werden. Alarmiert war verständlicherweise auch Polen. Bonn hatte nie ihre nach dem Zweiten Weltkrieg westlich verschobene Grenze völkerrechtlich anerkannt. Und dann drohte eine Wiedervereinigung das Gleichgewicht in der Europäischen Gemeinschaft (heute EU) zu gefährden, da Deutschland damit in Fläche, Bevölkerungszahl und Wirtschaftskraft alle anderen Staaten übertrumpfen würde. Während die Bevölkerung in den meisten europäischen Ländern sich noch mit den Deutschen freute, wuchs in den Regierungen die Sorge.

Und doch wurde nicht nur im deutsch-deutschen Prozess, sondern auch international Ende November 1989 die Bundesregierung zum Taktgeber, die damit bereits in Vertretung einer Mehrheit der DDR-Bürger handelte. In Bonn wusste man, wie sehr die Zeit drängte, und legte daher ein hohes Tempo vor, um die Zustimmung der Siegermächte des Zweiten Weltkrieges möglichst schnell zu erhalten. Diese Verhandlungen standen schon deshalb unter großem Zeitdruck, weil die Situation in Moskau überaus fragil war. Mit der Sowjetunion brach ein Imperium zusammen, und ein Kontrollverlust konnte sich jederzeit ereignen. Mit Gorbatschow konnte man einig werden, aber wie lange würde er sich noch an der Macht halten können? Die riesige Sowjetunion wankte, und niemand konnte wissen, was der Abfall der »sozialistischen Bruderstaaten« und die Unabhängigkeitsbestrebungen zahlreicher Sowjetrepubliken bewirken würden. Das schuf ebenso Zeitdruck wie die schwierige Lage in der DDR und zunehmenden Unmut in der Bundesrepublik angesichts Hunderttausender Übersiedler aus der DDR.

Die Position Moskaus war also von entscheidender Bedeutung. Gorbatschow hatte bald nach seinem Amtsantritt eine Entspannungspolitik gegenüber dem Westen eingeleitet, um die längst ruinöse Systemkonkurrenz und den Rüstungswettlauf zu beenden, Bundeskanzler Kohl gelang es nun, ein persönliches Vertrauensverhältnis zu Gorbatschow aufzubauen, das wichtig war für die sowjetische Zustimmung zur deutschen Wiedervereinigung. Doch noch Ende November 1989 beharrten sowohl Moskau als auch Ost-Berlin auf der Zweistaatlichkeit, bis der galoppierende Zerfall der DDR einen realistischeren Kurs erzwang. Allerdings bestand Gorbatschow bei einer Wiedervereinigung zunächst auf einem neutralen Deutschland ohne NATO-Mitgliedschaft. Ende Januar entschied Moskau, die DDR preiszugeben, schon weil sie sich längst in Auflösung befand.

Die DDR-Regierung, deren Regierungschef Modrow kurz darauf in Moskau war, setzte er davon nicht in Kenntnis, bestätigte aber gegenüber Bundeskanzler Kohl, die Einheit sei Sache der Deutschen, und stimmte den Zwei-plus-Vier-Verhandlungen zu.

So gut Kohls persönliches Verhältnis zu Gorbatschow wurde, so distanziert war es zur britischen Premierministerin Thatcher, die ebendieser deutsch-sowjetischen Annäherung zutiefst misstraute und für den Fall einer Wiedervereinigung einen britischen Machtverlust befürchtete. Seit dem Mauerfall verfolgte London daher eine Politik der Verlangsamung, wenn nicht Behinderung des deutschen Einigungsprozesses. Dabei sollte Frankreich helfen, doch Präsident Mitterrand ließ sie, wie Thatcher noch in ihren Memoiren bitter beklagte, im Stich. Auch scheiterte ihr Versuch, bei den Verhandlungen zur Wiedervereinigung die beiden deutschen Staaten nur als Zaungäste zu beteiligen.

François Mitterrand am 3. November 1989 in Bonn:
»Ich denke, der Wunsch nach Wiedervereinigung seitens der Deutschen ist legitim.«

Frankreich war eher in der Lage, sich mit den Deutschen zu freuen. Paris stand der Wiedervereinigung verhalten positiv gegenüber, wollte sie aber in den europäischen Kontext eingebunden sehen. Wie die anderen Hauptstädte war auch Paris verstimmt, als Kohl seinen Zehn-Punkte-Plan ohne vorherige Konsultation der Partnerregierungen vorlegte. Außenminister Dumas brachte die französische Position positiv in die Verhandlungen ein, und die französische Regierung unterstützte früh die Beteiligung der deutschen Staaten an den alliierten Verhandlungen über eine Wiedervereinigung. Mitterrand nahm sich auch im Interesse Polens der Frage der deutschen Grenzen an, die Bundestag und Volkskammer bis Juni 1990 bestätigten. Zum Kontext der Wiedervereinigung gehört die deutsch-französische Initiative Ende 1990, die den Weg zu den Verträgen von Maastricht ebnete, also der Integration zur Europäischen Union, die 1991/92 Wirklichkeit wurde. Ob die Einführung des Euro, von Bonn lange skeptisch betrachtet, Verhandlungsmasse war für die Zustimmung Frankreichs, ist umstritten. Die beteiligten Unterhändler stellen das in Abrede, obwohl ein Zusammenhang naheliegt. Angesichts der Notwendigkeit, die europäischen Partner für die Wiedervereinigung zu gewinnen, wurde Bonn in den Brüsseler Verhandlungen jedenfalls beweglicher.

Mancher Politiker reiste 1990 so viel wie sonst in einer gesamten Amtszeit, denn die Verhandlungen zur Wiedervereinigung fanden unter großem Zeitdruck, mit unterschiedlichen Positionen auf vielerlei Seiten und zwischen mehreren Parteien statt. Auf Betreiben der Bundesregierung akzeptierten die vier Siegermächte des Zweiten Weltkriegs die beiden deutschen Staaten als Verhandlungspartner und zogen in der zweiten Verhandlungsrunde, wegen der Frage seiner Westgrenze, Polen hinzu. Die wichtigste Frage aber war die der Bündniszugehörigkeit des wiedervereinigten Deutschland, die immer wieder für Schlagzeilen und Spekulationen sorgte. Für Moskau erwies sich die Zustimmung zu einer NATO-Mitgliedschaft als wertvolle Verhandlungsmasse, um den Preis für die Wiedervereinigung in die Höhe zu treiben. Daneben ging es um die Bestätigung der Enteignungen, die die Sowjets vor der DDR-Staatsgründung vorgenommen hatten. Außerdem musste geklärt werden, wie man mit den sowjetischen Truppen in Deutschland umgehen sollte. Das waren zu dem Zeitpunkt immerhin eine halbe Million Soldaten. Der Zeitpunkt ihres Abzuges war die eine Sache, die andere war die Summe, die Deutschland dafür zu zahlen bereit war. Ebenso wurde um die Größe der künftigen deutschen Armee gerungen. Der Zwei-plus-Vier-Vertrag (vollständiger amtlicher Titel: Vertrag über die abschließende Regelung in Bezug auf Deutschland) erhob in der Präambel den Anspruch, die Spaltung Europas zu überwinden, und garantierte Deutschland Bündnisfreiheit und Souveränität.

Schon vor der Unterzeichnung dieses Vertrags über die außenpolitischen Aspekte der Wiedervereinigung am 12. September 1990 verhandelten Bonn und Ost-Berlin unter hohem Zeitdruck den

Einigungsvertrag, der auf den Staatsvertrag für die Wirtschafts- und Währungsunion aufbaute. Immer schneller verfiel die DDR, außerdem sollte die Wiedervereinigung vor dem 7. Oktober 1990 vollzogen werden, um einem weiteren DDR-Staatsfeiertag aus dem Weg zu gehen. Staatsrechtlich gab es zwei Optionen, die Wiedervereinigung zu vollziehen: entweder nach Artikel 146 des Grundgesetzes, wofür jedoch eine neue Verfassung ausgearbeitet werden musste, oder nach Artikel 23, der den Beitritt weiterer Teile Deutschlands zu seinem Geltungsbereich vorsah. Diese letztere Option war schneller umzusetzen, so dass Ende Juli 1990 die DDR-Volkskammer die Auflösung der einstigen DDR-Bezirke zugunsten fünf neuer Länder beschloss. Sie traten mit der Wiedervereinigung dem Geltungsbereich des Grundgesetzes bei. Artikel 23 wurde nach Vollzug der Einheit gestrichen, um vor allem polnische Ängste vor künftigen Versuchen der Grenzrevision zu beseitigen. Der Einigungsvertrag wurde zwischen dem 6. Juli und dem 31. August in drei Runden und in Rekordzeit verhandelt – immerhin ging es um über 1000 Seiten Vertragstext. Nachdem am 20. September beide Parlamente, Volkskammer und Bundestag, dem Vertrag zugestimmt hatten, konnte am 3. Oktober 1990 die Wiedervereinigung in Kraft treten. Am Abend vorher spielte zum Staatsakt im Berliner Schauspielhaus das Leipziger Gewandhausorchester unter Kurt Masur

Beethovens 9. Symphonie. Begleitet von einem Feuerwerk und in Anwesenheit der Staatsführung und Hunderttausender Bürger wurde um Mitternacht vor dem Reichstagsgebäude die »Flagge der Einheit« aufgezogen. Im Rathaus Schöneberg wurde die Freiheitsglocke geläutet. Aus zwei deutschen Staaten wurde einer. Am 4. Oktober trat im Reichstagsgebäude erstmals der gesamtdeutsche Bundestag zusammen, nun erweitert um 144 ostdeutsche Abgeordnete.

DDR-Ministerpräsident Lothar de Maizière in einer Rundfunkansprache am 2. Oktober 1990: *Die Geschichte der letzten vier Jahrzehnte ist trotz aller Widersprüche und Belastungen ein Teil unserer persönlichen Biographie, ein Stück unseres gewachsenen Ichs. Sie hat uns geprägt, und sie hat fast allen große Anstrengungen abgefordert. Dies schuf auch ein Gefühl von Identität und bei denen, die bewusst hierblieben, eine Gemeinsamkeit, die zurückzulassen manchem schwerfallen wird. Wir wollen die Einheit, auch wenn nicht alle diesen Übergang heute mit leichtem Herzen erleben.*

Das Jahr 1989 und vor allem das Geschehen am 9. November war schon atemberaubend, doch 1990 war nicht weniger temporeich. Die Geschwindigkeit der historischen Entwicklungen zwischen Mauerfall und Wiedervereinigung vermittelt sich daher am besten im Zeitraffer:

13. November 1989	Ost-Berlin, DDR	Der Dresdner SED-Bezirkschef Modrow wird Ministerpräsident
17. November 1989	Ost-Berlin, DDR	DDR-Ministerpräsident Modrow schlägt eine deutsch-deutsche »Vertragsgemeinschaft« vor
28. November 1989	Ost-Berlin, DDR	Bürgerrechtler warnen im Aufruf »Für unser Land« vor der Vereinnahmung durch die Bundesrepublik
28. November 1989	Bonn, BRD	Bundeskanzler Kohl legt Zehn-Punkte-Plan zur Erlangung der Wiedervereinigung Deutschlands vor
2./3. Dezember 1989	Malta	Erstes Gipfeltreffen des US-Präsidenten Bush mit dem sowjetischen Staatschef Gorbatschow
4. Dezember 1989	Erfurt, Suhl, Leipzig, Rostock, (DDR)	Bürger besetzen die Bezirksstellen der Staatssicherheit
6. Dezember 1989	Kiew, UdSSR	Gorbatschow trifft den französischen Präsidenten Mitterrand
7. Dezember 1989	Ost-Berlin, DDR	Zum ersten Mal verhandeln am »Zentralen Runden Tisch« DDR-Regierung und Opposition
11. Dezember 1989	West-Berlin	Zum ersten Mal seit 18 Jahren kommen die Botschafter der vier Siegermächte zu einem Gespräch zusammen

14. Dezember 1989	Ost-Berlin, DDR	Ministerpräsident Modrow verfügt die Auflösung der DDR-Staatssicherheit
14./15. Dezember 1989	Brüssel, Belgien	Das NATO-Außenministertreffen bestätigt das Selbstbestimmungsrecht der Deutschen
19./20. Dezember 1989	Dresden, DDR	Erster DDR-Besuch von Bundeskanzler Kohl
20.–22. Dezember 1989	Ost-Berlin, DDR	Frankreichs Präsident Mitterrand auf Staatsbesuch in der DDR
22. Dezember 1989	Berlin, BRD	Nach über 28 Jahren wird das Brandenburger Tor wieder geöffnet
15. Januar 1990	Ost-Berlin, DDR	Bürger stürmen die Stasizentrale in Lichtenberg
4. Januar 1990	Latché, Frankreich	Bundeskanzler Kohl trifft den französischen Präsidenten Mitterrand auf dessen Landsitz
22.–24. Januar 1990	Ost-Berlin, DDR	Der britische Außenminister Hunt ist zu Besuch
30. Januar 1990	Moskau, Sowjetunion	DDR-Regierungschef Modrow erfährt in Moskau, dass die UdSSR keine Vorbehalte mehr gegen eine Wiedervereinigung Deutschlands hat

31. Januar 1990	Ost-Berlin, DDR	Die Regierung Modrow legt Deutschlandplan zur Wiedervereinigung vor
6. Februar 1990	Bonn, BRD	Bundeskanzler Kohl kündigt das Angebot einer Wirtschafts- und Währungsunion mit der DDR an
10. Februar 1990	Moskau, Sowjetunion	Bundeskanzler Kohl erhält von Gorbatschow die Zusage zur Wiedervereinigung
13. Februar 1990	Ottawa, Kanada	Erste und einzige gemeinsame Tagung von NATO und Warschauer Pakt
13./14. Februar	Bonn, BRD	Modrow besucht die Bundesrepublik und erhält das Angebot zur Wirtschafts- und Währungsunion nach der Volkskammerwahl
15. Februar 1990	Paris, Frankreich	Gegenüber Bundeskanzler Kohl besteht Präsident Mitterrand nachdrücklich auf der deutschen Anerkennung der polnischen Westgrenze
12. März 1990	Leipzig, DDR	Letzte Montagsdemonstration
18. März 1990	DDR, landesweit	Erste freie Wahlen zur DDR-Volkskammer

24. April 1990	Bonn, BRD	Beginn der Verhandlungen zur Wirtschafts- und Währungsunion
28. April 1990	Dublin, Irland	EG-Sondergipfel endet mit einem Bekenntnis zur Wiedervereinigung Deutschlands
5. Mai 1990	Bonn, BRD	Erste Runde der Zwei-plus-Vier-Gespräche
6. Mai 1990	Warschau, Polen	Bei seinem Besuch lädt US-Außenminister Baker Polen zur zweiten Runde der Zwei-plus-Vier-Gespräche ein
6. Mai 1990	DDR, landesweit	Kommunalwahlen
13./14. Mai 1990	Moskau, Sowjetunion	Geheimbesuch hochrangiger BRD-Regierungsgesandter zur Verhandlung eines 5-Mrd.-DM-Kredits für Moskau
18. Mai 1990	Bonn, BRD	Abschluss der Verhandlungen zur Wirtschafts- und Währungsunion
22. Mai 1990	Bonn, BRD	Bundeskanzler Kohl bietet Gorbatschow einen 5-Mrd.-DM-Kredit an
31. Mai 1990	Washington, USA	Beim Gipfeltreffen mit US-Präsident Bush gesteht Gorbatschow dem wiedervereinigten Deutschland überraschend Bündnisfreiheit zu

12. Juni 1990	Berlin, BRD	Erste gemeinsame Sitzung von Westberliner Senat und Ostberliner Magistrat
21. Juni 1990	Bonn, BRD; Ost-Berlin, DDR	Bundestag und Volkskammer verabschieden gleichlautende Resolutionen zur Anerkennung der polnischen Westgrenze
22. Juni 1990	Ost-Berlin, DDR	Zweite Runde der Zwei-plus-Vier-Gespräche
1. Juli 1990	landesweit DDR+BRD	Start der deutsch-deutschen Wirtschafts- und Währungsunion, Ende aller deutsch-deutschen Grenzkontrollen
6. Juli 1990	Ost-Berlin, DDR	Beginn der Verhandlungen zum Einheitsvertrag
15./16. Juli 1990	Kaukasus, UdSSR	Auf dem deutsch-sowjetischen Gipfeltreffen bestätigt Gorbatschow seine Zustimmung zu einer deutschen NATO-Mitgliedschaft
17. Juli 1990	Paris, Frankreich	Dritte Runde der Zwei-plus-Vier-Gespräche
22. Juli 1990	Ost-Berlin, DDR	Die Volkskammer beschließt die Schaffung von fünf Ländern aus den bisherigen DDR-Bezirken

5. August 1990	Stuttgart, BRD	Kohl erklärt der Versammlung des Bundes der Vertriebenen, die Anerkennung der Grenzen sei der Preis für die Wiedervereinigung
23. August 1990	Ost-Berlin, DDR	Die Volkskammer beschließt den Beitritt zur Bundesrepublik
31. August 1990	Ost-Berlin, DDR	Unterzeichnung des deutsch-deutschen Vertrags »Über die Herstellung der Deutschen Einheit«
12. September 1990	Moskau, Sowjetunion	Unterzeichnung des Zwei-plus-Vier-Vertrags
20. September 1990	Ost-Berlin, DDR Bonn, BRD	Volkskammer und Bundestag stimmen dem Einheitsvertrag zu
3. Oktober 1990	Berlin, Deutschland	Deutsche Wiedervereinigung
14. November 1990	Warschau, Polen	Unterzeichnung des deutsch-polnischen Grenzvertrags
6. Dezember 1990	Brüssel, Belgien	Kohl und Mitterrand legen der EG ihr Konzept für den Ausbau der Europäischen Integration vor

Als weltgeschichtliche Zeitenwende steht der 9. November symbolisch für den Umbruch in Mittel- und Osteuropa, wo sich die Länder des sowjetischen Machtbereichs vom Einfluss Moskaus lossagten und sich demokratisierten. Nach und nach hielten Länder nach jahrzehntelanger Einparteienherrschaft ihre ersten freien Wahlen ab:

Freie Wahlen im ehemaligen Ostblock

4./18. Juni 1989	Polen
18. März 1990	DDR
25. März/8. April 1990	Ungarn
2. Mai 1990	Rumänien
8./9. Juni 1990	Tschechoslowakei
10./17. Juni 1990	Bulgarien
12. Juni 1991	Russische Föderation
1. Dezember 1991	Ukraine
8. Dezember 1991	Moldawien
20. September 1992	Estland
25. Oktober/	Litauen
8. November 1992	
5./6. Juni 1993	Lettland
10. Juli 1994	Weißrussland

Der Kernzeitraum dieser Umwälzungen endet mit der Auflösung der Sowjetunion Ende 1991, nachdem bereits am 1. Juli 1991 der Warschauer Pakt aufgelöst worden war. Wenn Historiker das Ende des Kalten Krieges (oder auch das Ende des 20. Jahrhunderts) kalendarisch bestimmen wollen, haben sie die Wahl zwischen den Daten des Mauerfalls, der Auflösung des Warschauer Pakts oder der Sowjetunion. Aus europäischer Sicht wurde die Teilung des Kontinents 2004 mit der EU-Osterweiterung endgültig überwunden: Acht mittel- und osteuropäische Staaten wurden Mitglieder der Europäischen Union, 2007 kamen noch Rumänien und Bulgarien hinzu.

**Reste groß und klein.
Vom Nachleben eines
politischen Bauwerks**

Und die Berliner Mauer? Über 28 Jahre hatte sie die Stadt zerschnitten, aber wie schnell ist sie dann verschwunden und wie genau? Unmittelbar nach dem Mauerfall begannen die sogenannten Mauerspechte, als Souvenir Brocken aus dem Bauwerk zu schlagen, aber das stoppten Grenztruppen bald. Einstweilen blieb die DDR erhalten und die Mauer ihre Staatsgrenze, zumindest aus östlicher Sicht. Dennoch entfernten die Grenztruppen ihrerseits schon zwei Tage nach Maueröffnung die ersten Mauersegmente, um nach und nach zahlreiche neue Grenzübergänge eröffnen zu können. Ende Januar waren 25 Straßenverbindungen wiederhergestellt. Weil sich der Auftrag der Fluchtvereitelung erledigt hatte, begann außerdem schon bald der Rückbau des Todesstreifens. So verschwanden zunächst vier Kilometer Mauer, 58 Wachtürme, eine Führungsstelle und viele Kilometer Signalzaun. Am 28. April 1990 wurden am Brandenburger Tor Mauerteile entfernt. Am 13. Juni 1990, gut zwei Wochen vor dem restlosen Wegfall der Grenzkontrollen mit der deutsch-deutschen Wirtschafts- und Währungsunion am 1. Juli, begannen die DDR-Grenztruppen an der Bernauer Straße mit dem eigentlichen Abriss: Jetzt entfernten Kräne Mauersegment für Mauersegment der Grenz- und der Hinterlandmauer. Der Beton wurde zerkleinert und im Straßenbau verwendet. Die Wachtürme wurden umgeworfen und abtransportiert; Verkaufspläne zerschlugen sich mangels Nachfrage. Der Verkauf der Mauersegmente lief besser, bis zur Wiedervereinigung verdiente die DDR damit 2,2 Millionen Westmark. So erlösten bei einer Auktion in Monte Carlo im Juni 1990 81 Mauersegmente einen Stückpreis von 20 000 DM. Am 1. Juli 1990 waren über 100 Straßenverbindungen wieder befahrbar, Mitte August waren 35 Prozent der Grenzmauer und 65 Prozent der Grenzzäune verschwunden. Das letzte Stück Mauer fiel offiziell am 30. November 1990 in der Provinzstraße zwischen Wedding und Pankow.

Willy Brandt am 10. November 1989: *Wir sollten ein Stück von jenem scheußlichen Bauwerk (…) als Erinnerung an ein historisches Monstrum stehen lassen. So wie wir seinerzeit nach heftigen Diskussionen in unserer Stadt uns bewusst dafür entschieden haben, die Ruinen der Gedächtniskirche stehen zu lassen.*

Heute ist von der Mauer nur mehr wenig zu sehen, vor allem im Innenstadtbereich wurde der Grenzstreifen weitgehend überbaut. Dort sind inzwischen kaum noch Unterschiede zwischen Ost und West zu erkennen. Um aber die historische Orientierung zu erleichtern, markiert eine doppelte Pflastersteinreihe auf acht Kilometern, wo die Stadt einst geteilt war. Sie wurde erst in den Nullerjahren eingesetzt, weil die Berliner zuvor wenig erpicht darauf waren, daran erinnert zu werden. Die Stadt tat sich noch einige

Jahre schwer, der Mauer Denkmalschutz zuzugestehen. Ausgerechnet die Ostberliner Kulturverwaltung jedoch stellte bereits am 25. September 1990 mehrere Mauerabschnitte unter Denkmalschutz:

Viermal Denkmalschutz für die Berliner Mauer

- Mauerstück Niederkirchnerstraße
- Grenzmauer, -anlagen und Hinterlandmauer Bernauer Straße
- Hinterlandmauer Invalidenfriedhof
- Hinterlandmauer Mühlenstraße (East-Side-Gallery)

Aber über die Erfahrung der Teilung wuchs Gras, und bald schon erinnerten sich selbst altgediente Berliner nicht mehr so gut, wo die Mauer verlaufen war. Heute ist die dokumentarische Mauerlinie kaum noch umstritten, und weitere Reste der Grenzanlagen wurden unter Denkmalschutz gestellt, darunter drei Wachtürme.

Erhaltene Wachtürme der Berliner Grenzanlagen

Bernauer Straße	Mitte
Erna-Berger-Straße	Mitte
(nahe Potsdamer Platz)	

Schlesischer Busch	Treptow/Kreuzberg
Kieler Straße	Mitte
Mauerstreifen	Frohnau

1995 fiel der Gestaltungsentschluss für die **Gedenkstätte Berliner Mauer** in der Bernauer Straße, die als Open-Air-Museum mehrmals erweitert wurde und heute die beste Dokumentation der Berliner Mauer darstellt. Mehr als eine Million Besucher zählt sie jedes Jahr. Sie besteht aus einem mehrere Kilometer langen Stück Grenzstreifen, der die Geschichte der Mauer hervorragend dokumentiert. Außer Resten von Grenz- und Hinterlandmauer wurden Kolonnenweg und Signalzaun dokumentiert, abgerissene Häuser markiert, Fluchttunnel verzeichnet sowie überall Plaketten im Boden versenkt, die erfolgreiche oder vereitelte Fluchten vermerken. Die Kapelle der Versöhnung wurde erbaut, wo noch 1985 beim Ausbau der Grenzanlagen die Versöhnungskirche gesprengt worden war. Archäologen haben vom Grenzverlauf abgeschnittene Straßenverläufe ebenso freigelegt wie die Kellerfundamente eines abgerissenen Hauses. Historische Fotos erlauben Vergleiche zwischen früher und heute, Film und Tondokumente lassen die Mauerzeit lebendig werden. Dazu gibt es, ebenfalls bei freiem Eintritt, eine ständige Ausstellung im Dokumentationszentrum sowie Wechselausstellungen in einem weiteren Gebäude.

Inzwischen bemühen sich weitere Museen zur Berliner Mauer um Besucher, nicht alle sind wirklich empfehlenswert. Einen Besuch lohnt aber der **Tränenpalast am Bahnhof Friedrichstraße**, der den Berliner Grenzverkehr und die Geschichte des Bahnhofs als Grenzübergang dokumentiert, hier ist der Eintritt ebenfalls frei. Über den Alltag in der DDR informieren das **Museum in der Kulturbrauerei** (Prenzlauer Berg, Eintritt frei) und das **DDR-Museum** am Spreeufer hinter dem Berliner Dom. Sehenswert ist außerdem das **Alliiertenmuseum** im ehemaligen US-Armeekino an der Clayallee. Hier wird unter anderem über die Luftbrücke informiert, ein nachgebauter Spionagetunnel gezeigt sowie das originale Kontrollhaus vom Checkpoint Charlie. Wie es nach einer erfolgreichen Flucht aus der DDR weiterging, zeigt die Dauerausstellung in der **Erinnerungsstätte Notaufnahmelager Marienfelde** (Eintritt frei). Dort mussten sich Flüchtlinge registrieren und befragen lassen und verbrachten oft Monate in Mehrbettzimmern mit anderen.

Eine unterhaltsame Art der Mauererinnerung sind Comics, die sich Mauerbau oder Mauerfall, Teilung und den Kalten Krieg zum Thema wählen. Hier eine kleine Auswahl:

Sieben Mauer-Comics

- Flix: *Spirou in Berlin*, Hamburg 2018
- Dirk Mecklenbeck/Raik Adam: *Todesstreifen. Aktionen gegen die Mauer in West-Berlin 1989*, Berlin 2018
- Olivier Jouvray/Nicolas Brachet: *Fluchttunnel nach West-Berlin*, Berlin 2014
- Thomas Henseler/Susanne Buddenberg: *Tunnel 57. Eine Fluchtgeschichte als Comic*, Berlin 2016
- Antony Johnston: *The Coldest City*, Portland/Oregon 2012
- Flix: *Da war mal was*, Hamburg 2009
- Simon Schwartz: *Drüben*, Berlin 2009

Und natürlich werden die Reste der Berliner Mauer Jahr für Jahr millionenfach abgelichtet.

Die zehn beliebtesten Selfie-Motive zur Mauer

1. Brandenburger Tor
2. Checkpoint Charlie
3. Trabimotiv East-Side-Gallery
4. Wachturm
5. Mauerlinie mit Plakette
6. Mauerstück Topographie des Terrors
7. Honecker-Breschnew-Motiv East-Side-Gallery
8. Löchriges Mauerstück an der Bernauer Straße

9. Mauerkreuze Reichstag
10. Grenzübergang Bornholmer Straße

Keine Frage, die Mauer ist bis heute eine wesentliche Attraktion der Stadt. Einige Anlaufstellen der Berlintouristen waren nach der Wiedervereinigung gar nicht beabsichtigt, allen voran Checkpoint Charlie, wo erst aufgrund des steigenden Besucheraufkommens ein Sektorenschild und das US-Kontrollhäuschen rekonstruiert wurden. Jahrzehntelang ging dann der Streit über die Grundstücke, auf denen der riesige DDR-Teil der Grenzanlagen errichtet worden war. In den 2020er Jahren soll endlich gebaut, aber gleichzeitig der Geschichte des Ortes gedacht werden.

Die fünf beliebtesten Mauer-Souvenirs

1. Mauerstück
2. Sektorenschild
3. Trabimodell
4. Uniformmütze Rote Armee oder NVA
5. Sozialistische Armeeabzeichen

Ungebrochen ist die Popularität der **East-Side-Gallery** an der Mühlenstraße in Friedrichshain. Hier steht das längste noch vorhandene Stück der »Grenzmauer 75«, die hier als Hinterlandmauer fungierte.

Inzwischen mehrfach restauriert und neu gestaltet, doch leider immer wieder von Touristen beschmiert, geht sie zurück auf das Jahr 1990. Damals kamen 118 Künstler aus 21 Ländern nach Berlin und bemalten die Mauersegmente, Ende September 1990 war die Einweihung. Nicht alle der Bilder, die oft Bezug nahmen auf die dramatischen Veränderungen dieser Zeit, sind noch vorhanden. Besonders berühmt sind das Motiv einer sächsischen Künstlerin vom Trabi, der mit dem Kennzeichen »9. November 1989« die Mauer durchbricht, sowie das Bild »Brüderkuss« der Parteichefs von DDR und Sowjetunion, Honecker und Breschnew, den der Künstler Dmitrij Rubel entschieden zu erotisch ausfallen ließ.

Jenseits von Museen und Ausstellungen gedenkt Berlin an vielen Orten des einstigen Mauerverlaufs, der Friedlichen Revolution und der Wiedervereinigung. Das vielleicht schönste Denkmal blüht jeden Frühling noch vor allen anderen Bäumen: 9000 japanische Zierkirschen, ein Symbol für Frieden und Ruhe, wurden 1990 meist auf dem ehemaligen Grenzstreifen, aber auch an Kitas und Krankenhäusern gepflanzt, gespendet von Japanern als Reaktion auf den Fall der Mauer.

Elfmal Sakura-Kirschen in Berlin

Bezirk/Ort	Lage	Pflanzdatum
Potsdam	Glienicker Brücke	10. November 1990
Pankow	Grenzstreifen Wollankstraße	9. November 1991
Prenzlauer Berg	Schwedter Straße	21. März 1992
Mitte	Kita Voßstraße	10. März 1993
Treptow	Lohmühlenstraße	29. April 1993
Prenzlauer Berg	Grenzstreifen nahe Bornholmer Straße	17. Dezember 1993
Kleinmachnow	Karl-Marx-Straße	23. Dezember 1993
Friedrichshain	Platz der Vereinten Nationen	19. April 1994
Prenzlauer Berg	Grenzstreifen Bornholmer Straße	4. November 1994
Kreis Teltow	Lichterfelder Allee	6. April 1995
Treptow	Grenzstreifen Kiefholzstraße	24. November 1995

Aber natürlich erinnern zahlreiche weitere Denkmäler an die Mauer. Das zentrale Denkmal für die Friedliche Revolution und die Wiedervereinigung soll die bereits erwähnte »Einheitswippe« vor dem Humboldtforum werden, wenn sie einst fertiggestellt ist: eine riesige begehbare Schale, die sich wie eine Waage senkt, wenn die Besucher auf eine Seite der Schale gehen. Das soll veranschaulichen, wie ein gemeinsames Ziel durch Zusammenstehen erreicht werden kann. Gedenktafeln und Informationen zu Teilung und Kalter Krieg, Mauer und Grenzöffnung gibt es überall in Berlin. Hier eine Auswahl:

Zehn Gedenkorte und Denkmäler

Platz des 9. November	Prenzlauer Berg, Bornholmer Straße: Ort der ersten Grenzöffnung	Gedenktafel	Fotos, Infos, Zeitschiene
Mohrenstraße, Justizministerium	Mitte: Ort der historischen Pressekonferenz	Installation	Die Verkündung der Reisefreiheit
Straße des 17. Juni	Tiergarten	Denkmal	Der Rufer
Straße des 17. Juni	Tiergarten	Gedenkplakette	Erinnerung an den Besuch Ronald Reagans am 12. Juni 1987
Invalidenpark	Mitte	Denkmal	Sinkende Mauer
Clayallee	Zehlendorf	Skulptur	The Day The Wall Came Down
Zimmerstraße	Kreuzberg/ Mitte	Skulptur	Balanceakt

Schiffbauer-damm, Marie-Elisabeth-Lüders-Haus	Mitte	Denkmal	Mauerteile
Platz der Republik/ Reichstagufer	Mitte	Gedenktafel	Grenzöffnung Ungarn 11. September 1989
Platz der Republik/ Reichstagufer	Mitte	Denkmal	Mauerstück der Werft Solidarność, Danzig

Natürlich ist von der Mauer wenig übrig, wenn man bedenkt, wie prägend sie fast drei Jahrzehnte lang war. Und doch lohnt es sich, den verbliebenen Resten nachzuspüren. Dafür bieten sich die Mauerreste in der Innenstadt an, die zu großen Teilen denkmalgeschützt sind.

Mauerreste

Bernauer Straße	Mitte	Grenzmauer, Hinterlandmauer, Grenzanlagen
Niederkirchner-straße	Mitte	Grenzmauer
East-Side-Gallery	Friedrichshain	Hinterlandmauer
Bornholmer Straße	Prenzlauer Berg	Hinterlandmauer, Reste der Grenzübergangsstelle
Mauerpark	Prenzlauer Berg	Hinterlandmauer
Friedhof Liesen-straße	Mitte	Grenzmauer, Hinterlandmauer

Im Jahr 2000 schlugen die Grünen im Berliner Abgeordnetenhaus vor, den Postenweg der Mauer rund um West-Berlin als Radweg dauerhaft zu erhalten und mit Informationsstelen zu versehen. Längst nutzten die Berliner den Grenzstreifen und insbesondere den Kolonnenweg zum Spazierengehen, Joggen oder Radfahren, aber über das weitere Schicksal dieses Gebiets war noch nichts entschieden. Seit 2002 wurde das Konzept erarbeitet und ein durchgehender Verlauf festgelegt, der 45 Kilometer entlang der innerstädtischen Mauer und 115 Kilometer an der Berliner Außengrenze umfasst. Der Berliner Mauerweg verläuft zu 80 Prozent entlang der historischen Streckenführung der Grenze. Er besteht überwiegend aus dem ehemaligen Kolonnenweg des Todesstreifens, aber auch aus Versorgungswegen der DDR-Grenztruppen und aus »Zollwegen«, die Westalliierte und Westberliner Polizei an der Außengrenze für Kontrollfahrten nutzten. 2004 wurden erste Abschnitte fertiggestellt, bis 2006 war das Konzept ganz umgesetzt. Entlang der Strecke informieren Karten und Stelen über den Grenzverlauf und Vorkommnisse vor Ort. Aber auch ohne Informationsbedarf wird der Weg stark genutzt, zumal er an vielen Stellen Radfahrern gute Abkürzungen bietet.

Die meisten dieser innerstädtischen Mauerorte sind notorisch überlaufen. Wer auf Entdeckungstour gehen möchte, dem sei hier eine **Wanderroute ent-**

lang der Mauer abseits der Touristenpfade empfohlen, auf einem Abschnitt zwischen East-Side-Gallery und dem Britzer Zweigkanal. Große Teile der Mauer bekommt man dabei zwar nicht zu sehen, und lauffaul sollte man auch nicht sein, dafür wird man mit allerlei interessanten Entdeckungen belohnt, die auch Berliner nicht kennen – manchmal nicht einmal die direkten Anwohner. Noch dazu geht die Route, die sich auch gut mit dem Fahrrad bestreiten lässt, durch ganz unterschiedliche Gegenden – und der aufmerksame Beobachter kann erkennen, wie die wachsende, sich entwickelnde Stadt von der Mauer immer weniger übrig lässt. Zwischen 2001 und 2003 gingen Archäologen im Auftrag des Berliner Senats den Spuren der Mauer nach. Akribisch dokumentierte man die noch vorhandenen Mauerstücke und Reste der Grenzanlagen, bis hin zu Spuren, die man übersieht, wenn man nicht danach sucht. Von dem, was die Forscher damals noch fanden, ist heute nur noch wenig übrig. Mal wurden Grünflächen angelegt, mal Häuser oder Straßen gebaut, mal Gebäude gestrichen oder Zäune entfernt und Mauerreste abgerissen. Umso spannender ist es, ein paar Kilometer Grenzstreifen abzulaufen und hier und da doch noch Spuren zu finden. Dies ist nach wie vor möglich, wenn man weiß, wonach man schauen muss.

Beginnen wir am südöstlichen Ende der East-Side-Gallery an der **Oberbaumbrücke**. Die Spree gehörte hier in ganzer Breite zu Ost-Berlin, auch die stark kriegszerstörte, nach 1945 nur behelfsmäßig instand gesetzte Brücke. Diesen Fußgänger-Grenzübergang durften ausschließlich Westberliner überqueren, er wurde aber kaum genutzt. Noch bis Anfang der 90er Jahre sahen ihre Türme aus wie die einer sturmgeschossenen Burg, heute gilt sie wieder als Berlins schönste Brücke. Zu Mauerzeiten stand oben auf der Bahntrasse ein Stück Hinterlandmauer und mitten auf der Brücke ein Wachturm. Von der Brücke aus ist auf dem Speichergebäude am Friedrichshainer Ufer ein Turmaufsatz zu sehen, früher genutzt von den Grenztruppen. Weil hier die Spree zu Ost-Berlin gehörte, gab es zwar auf der Friedrichshainer Seite die Hinterlandmauer (heute East-Side-Gallery), aber keine Grenzmauer, weil das andere Ufer bereits Westberliner Gebiet war. Mehrmals starben Kreuzberger Kinder, die in den Fluss gefallen waren, denn nur die Grenztruppen durften retten, was meist viel zu lange dauerte. Ende Oktober 1972 ertrank hier der 8-jährige Cengaver Katranci, vor ihm 1966 der 6-jährige Andreas Senk und nach ihm 1973 Siegfried Kroboth (5 Jahre), 1974 Giuseppe Savoca (6 Jahre) und an seinem fünften Geburtstag 1975 Cetin Mert. Dann endlich regelte ein Abkommen die schnellere Rettung.

West-Berlins östlichster Innenstadtzipfel rund ums **Schlesische Tor** war an drei Seiten von der

Mauer umgeben. Durchgangsverkehr gab es daher nicht, und die Gegend, mittlerweile sehr beliebt bei Nachtschwärmern, war im Vergleich zu heute unvorstellbar ruhig. Der Bahnhof Schlesisches Tor diente als Endstation, weil die Hochbahnlinie 1 als damals reine Westlinie nicht über die Oberbaumbrücke zum Bahnhof Warschauer Straße fuhr, wo sie seit 1995 wieder endet.

Von der Oberbaumbrücke kommend, geht es links in die **Schlesische Straße** und über den Landwehrkanal. Vor der Sporthalle rechts wendete damals der Linienbus, denn gleich nach der Brücke über den Flutgraben verlief die Mauer quer über die Straße. Bei der Verkehrsinsel markiert dies die Doppelreihe aus Pflastersteinen.

Die Mauer verlief hier weiter am Flutgraben entlang. Wie an anderen Abschnitten dieser Expedition, in der Harzer Straße, am Heidekampweg und am Stellwerk Köllnische Heide, wurde der Grenzstreifen hier schon ab dem 15. August 1961 mit Scheinwerfern ausgeleuchtet, um Flüchtlinge schnell ausmachen zu können. Direkt an die Mauer grenzte auf Ostseite das Betriebsgelände des VEB OLW-Treptow (ab 1969 KIB), in dem Busse und Lkw repariert wurden. Trotz immer wieder verstärkter Sicherungsmaßnahmen gelangen hier Fluchten durch Abseilen in den Kanal, zuletzt zwischen Ende September 1987 und Mitte Januar 1988.

Rechts auf der Grünfläche steht unübersehbar ein **Wachturm**: eine Führungsstelle, zuständig für 17 weitere Wachtürme und ausgestattet mit Haftzelle, Waffenkammer, Gemeinschaftsraum sowie Befehlszentrum mit Rundumblick im zweiten Stock. Auf dem Dach sind noch die originalen Suchscheinwerfer zu sehen. 1990 sollte der Turm abgerissen werden, wurde aber von einem Künstler besetzt und zum »Museum der verbotenen Kunst« umfunktioniert. 1992 unter Denkmalschutz gestellt, wird er heute von einem Verein betrieben. Der Wachturm war an drei Seiten von der Hinterlandmauer umschlossen, die alten Bäume gehörten schon nicht mehr zum eigentlichen Grenzstreifen. Auf der anderen Straßenseite gegenüber stehen noch Plattenwände, die einst Teil der Vorfeldsicherung waren.

Der Flutgraben gehört zur Schleuse an der Einmündung Landwehrkanal/Spree weiter nördlich. In der Spree sind noch Reste der Grenzanlagen erkennbar. 1962 wagte die Besatzung des Ausflugsdampfers »Friedrich Wolf« mit ihren Familien, darunter ein Baby, einen spektakulären Fluchtversuch: Am Vorabend setzten sie Kapitän und Maschinist unter Alkohol und sperrten sie in ihren Kabinen ein. Am frühen Morgen hatten sie einen Werft-Termin an der Spree, kurz vor der Oberbaumbrücke. Aber anstatt am Osthafen anzulegen, nahmen sie plötzlich Kurs auf die Schleuse zum Landwehrkanal, die Flüchtlinge geschützt hinter Stahlplatten. Die erwiesen sich als lebensrettend, denn drei Grenzboote gaben insgesamt 135 Schuss Munition auf die »Friedrich Wolf« ab. Die vorab informierte Westberliner Polizei gab Feuerschutz und der Dampfer schaffte es über die Grenzlinie. Kapitän und Maschinist nahmen das Schiff später wieder mit zurück nach Ost-Berlin, sie wollten nicht bleiben.

Unser Weg geht nach Süden am **Landwehrkanal** entlang, wo die parkliche Gestaltung Anfang der 90er Jahre den Grenzverlauf nicht mehr zu erkennen gibt. Heute kann man wieder über die ehemalige Bahnbrücke zum Görlitzer Park laufen, ehemaliges Gelände eines Bahnhofs. Etwas südlich des Bahndamms stand ein weiterer Wachturm, heute sieht man vor allem die Sakura-Kirschbäume, die japanische Bürger in Reaktion auf den Mauerfall der Stadt schenkten. Nahe der Lohmühlenbrücke klärt ein Gedenkstein darüber auf. Kurz vorher ist auf einer kleinen überwucherten Brache neben dem letzten Haus vor der Brücke (Lohmühlenstraße 35/36) noch ein Rest Zaungestänge der Grenzgebietsmarkierung vorhanden. Das Haus selbst musste für die Grenzanlagen ein Stück der Hofbebauung opfern.

An der **Lohmühlenbrücke** sind auf dem Asphalt zwei Mauerlinien erkennbar. Bis 1988 versperrte die Mauer die noch zu West-Berlin gehörende Brücke komplett, obwohl auf der nordöstlichen Seite des

Neuköllner Schifffahrtskanals, der hier vom Land-wehrkanal abzweigt, noch ein Stück West-Berlin lag. Für Fußgänger wurde etwas weiter 1962 der Kiehler Steg gebaut, aber Autos mussten umständlich zur nächsten Brücke – bis 1988 per Gebietsaustausch der sogenannte Lohmühlenzwickel, ein Verbindungs-stück zwischen Brücke und Kiehlufer, an West-Ber-lin ging. Der Steg wurde 2004 wieder abgerissen. Am Lohmühlenplatz fuhren am 3. Oktober 1962 Schüt-zenpanzer der Grenztruppen auf, nachdem Soldaten einen Fluchttunnel entdeckt hatten. Hier stand außer-dem ein Wachturm des Typs BT9 mit rundem Schaft, wie er beim Potsdamer Platz noch vorhanden ist.

Weiter geht es die **Harzer Straße** entlang: Die Häu-ser rechts gehören zu Neukölln (West), die links zu Treptow (Ost). Wie in der berühmteren Bernauer Straße sprangen hier Menschen aus den Häusern, bis sie wenige Tage nach Mauerbau ab 17. August vermauert und ab 21. August geräumt wurden. An-fangs gab es häufiger Konfrontationen: Grenzer pro-vozierten mit Plakaten den Westen und behinderten die Westberliner Feuerwehr mit Wasserwerfern und Tränengas, wenn sie Sprungtücher aufspannten, um Flüchtlingen zu helfen. Beim Eckhaus Harzer Str. 1 knallte es am 2. Dezember 1962 frühmorgens um 3.30 Uhr, als ein Sprengstoffanschlag gegen die Mauer verübt wurde. Er richtete aber nur geringen Schaden an.

An der **Grabowstraße**, die auf die Harzer Straße stößt, gibt es noch ein weiteres Brachgrundstück mit Resten der Grenzanlagen: mehrere Beton-Blumenschalensperren sowie Reste des eisernen Vorfeldsicherungszauns und der Grenzgebietsmarkierung, sogar noch mit rotweißen Farbresten. Auf der Ostseite wurde ein grenznahes Gebiet ausgewiesen, das ab Juni 1963 nur noch Befugte betreten durften. Anwohner erhielten einen Stempel »Grenzgebiet« in ihren Ausweis, alle anderen mussten einen Passierschein beantragen. Man kann erahnen, was es für diese beschauliche Wohngegend bedeutete, als die Mauer plötzlich Nachbarn voneinander trennte. Viele hofften auf eine vorübergehende Maßnahme, zumal es von DDR-Seite offiziell hieß, nach Abschluss eines Friedensvertrags und dem Abzug der Westalliierten würde die Mauer ja wieder verschwinden. Die machte an der **Bouchéstraße** einen Knick nach links bis zur Ecke Heidelberger Straße, wo sie nach rechts abknickte. Die heutige Bebauung aus den vergangenen Jahren lässt immer mal wieder erahnen, dass am Grenzverlauf Häuser abgerissen wurden. In der Bouchéstraße steht vor der Nummer 37 noch ein Lampenmast der Lichttrasse des Todesstreifens, heute integrierter Teil der regulären Straßenbeleuchtung. Ein Stück weiter, **Ecke Schmollerstraße** (Bouchéstraße 33/Schmollerstraße 5), gelang zwei jungen Männern Ende März 1983 die Flucht: Sie tarnten sich als Handwerker und verschafften sich Zugang zum Dachboden, wo sie bis zur Nacht ausharrten. Dann sicherten sie ein Drahtseil am Schornstein und schossen mit Pfeil und Bogen das andere Seilende über die Grenze zum Haus Bouchéstraße 68a. Dort wartete ein Helfer, der das Seil spannte, so dass die Flüchtlinge per Seilrolle in den Westen hinüberglitten, unbemerkt von den Grenzsoldaten. Direkt vor den Häusern Bouchéstraße 30–34 verlief ein Zaun der Grenzsicherung, so dass den Bewohnern nur ein schmaler Fußweg blieb. Ihnen galt das ganze Misstrauen der Grenzer, die Dachfenster verschweißten und Kellertüren mit Gucklöchern versahen, damit dahinter niemand unbemerkt einen Tunnel graben konnte. Aus demselben Grund war es verboten, Briketts an den Kellerwänden zu stapeln. Wegen des Mauerverlaufs mit zahlreichen Ecken gab es viele Wachtürme hier, etwa an der Ecke Bouché-/Heidelberger Straße oder Heidelberger-/Elsenstraße.

Zwischen Bouché- und **Elsenstraße** erstreckt sich ein größerer Schulkomplex, dessen Grundstück an den Todesstreifen grenzte. Er wurde daher besonders gut gesichert. Verschiedene Details sind noch vorhanden: vergitterte Erdgeschossfenster zur Straße oder eine besonders hohe Mauer zum Grundstück Bouchéstraße 77, bewehrt mit Eisenträgern, wenn auch längst ohne den Zaun dazwischen. Nur mit

Mühe erkennt man auf der Hofseite des Gebäudes Bouchéstraße 75 zwischen Gestrüpp am Fallrohr der Regenrinne eine Übersteigsicherung: etwa 50 cm lange, spitze eiserne Dornen ums Rohr, die das Hochklettern zum Sprung ins Grenzgebiet verhindern sollten. Über die Supermarktparkplätze geht es zur Elsenstraße, vorbei an Resten der Hinterlandsicherungsmauer. Wie anderswo ist vieles verschwunden, als Gebäude saniert und gestrichen wurden. Am Schulgebäude Elsenstraße 53/54 wurde der Anschluss der Mauer zum Grenzgebiet erhalten und mit einem Hinweisschild versehen.

Die Elsenstraße ist heute als Verbindung aus Richtung Sonnenallee zum Treptower Park wieder gut befahren. Zwischen 1961 und 1989 aber war die Straße von der Mauer unterbrochen, es gab keinen Grenzübergang. Im April 1963 wagte Wolfgang Engels mit einem Lkw die Flucht, die zunächst an den massiven Betonsperren scheiterte. Engels wurde angeschossen, aber weil ein Querschläger im Westen einschlug, gab es von dort Feuerschutz. Mit Mühe schaffte es der Verletzte noch auf seinen Lkw und von dort aus über die Mauer.

Die Pächter der Kleingartenkolonien Heidelberger-, Ecke Elsenstraße mussten Ende Oktober 1961 ihre Parzellen räumen, weil sie den Grenzanlagen im Weg standen. Aus demselben Grund wurden seit 1963 Wohnhäuser gesprengt, die letzten noch

1985. Die **Heidelberger Straße** selbst wurde zum Schauplatz zahlreicher Tunnelfluchten, weil der Untergrund dafür gut geeignet war. Solange man über dem Grundwasser grub, musste man in stabilem Erdreich nur 15–18 Meter Distanz überwinden. Zwischen Januar 1962 und März 1972 wurden in Treptow insgesamt 18 Tunnel gegraben, die meisten davon hier. Wie viele Flüchtlinge es dadurch schafften, ist nicht sicher, die Schätzungen reichen von 62 bis 125 Menschen. Zwischen den Nummern 35 und 75 entstand der erste erfolgreiche Tunnel, durch den bis zu 57 Flüchtlinge entkamen. Am Haus Nr. 35 erinnert eine Gedenktafel an den 27-jährigen Tunnelgräber und Fluchthelfer Heinz Jercha, der im März 1962 Dutzenden Flüchtlingen half, bis der Tunnel an die Stasi verraten wurde. Am 27. März 1962 geriet Jercha in einen Hinterhalt. Er wird angeschossen, schafft es aber noch zurück in den Tunnel und auf die Westseite, wo er tot zusammenbricht. Zwei weitere Tunnel begannen im Keller der Eckkneipe Heidelberger Krug (Nr. 28, heute ein Trödler), den der Wirt den Fluchthelfern gegen Geld zur Verfügung gestellt hatte. Der erste führte zur Elsenstraße 81, in eine Ladenwohnung. Über Pfingsten 1962 entkamen so 20 Flüchtlinge. Im Herbst desselben Jahres entstand ein weiterer Tunnel vom Heidelberger Krug zum Haus Elsenstraße 86, für den ein Stück des ersten Tunnels genutzt werden konnte. Zwei Menschen flohen, dann führte die Information eines Spitzels die Stasi mit etwas Verzögerung zum Ausgang des Tunnels.

Um weitere Tunnelfluchten zu verhindern, legten die Grenztruppen schließlich die bereits erwähnten Sperrgräben an, die bis zum Grundwasserspiegel reichten. Noch immer sind hier Rückstände zu sehen: Da an dieser Stelle der alte Straßenverlauf der Heidelberger Straße bislang nicht wiederhergestellt wurde, ist vor den Häusern auf dem Boden noch der Verlauf der ursprünglichen Hinterlandmauer erkennbar, später war hier die Kante des Sperrgrabens.

Weiter geht es entlang der Mauerlinie auf der Heidelberger Straße bis zur Ecke **Treptower Straße**. Bis vor einigen Jahren war noch der Kolonnenweg vorhanden, von dem man heute nichts mehr erkennen kann. Die Mauer knickte dann nach links ab bis zum Bahndamm der Ringbahn an der Kiefholzstraße, wo noch drei Lampen der Vorfeldsicherung zu sehen sind. Hier entlang fuhren West-Züge zwischen dem Görlitzer und dem Neuköllner Güterbahnhof, begleitet von Grenzsoldaten, ein Stück über Ost-Berlin, daher wurde hier besonders sorgfältig gesichert, um Fluchtmöglichkeiten auszuschließen. Eine unfreiwillige Flucht »gelang« einem Stabsgefreiten der Grenztruppen am 8. Mai 1963, als er versehentlich bis nach Westen mitfuhr. Weil er nicht bleiben wollte, durfte er über den Grenzübergang Sonnenallee wieder nach Ost-Berlin ausreisen. Im Juni 1976 wurden die Gleisanlagen außer Betrieb genommen.

Rechts geht es die **Kiefholzstraße** entlang über die Baustelle Autobahn: Hier wird über den ehemaligen Mauerverlauf die Stadtautobahn bis Treptower Park verlängert. Von der städtischen Wohngegend und den Gewerbeansiedlungen am Bahndamm geht es jetzt in ein Gebiet mit Kleingärten beidseits der Grenze. Auf einem Gewerbegrundstück rechts der Straße kann man Mauerelemente ausmachen, die der ansässigen Firma das Ordnen von Material erleichtern. Dann kommt rechts der Straße das Treptower Mauerdenkmal, das an die insgesamt 23 Mauertoten des Bezirks erinnert. Es wurde 1999 errichtet und ähnelt in Form und Größe der »Grenzmauer 75«. Auf der anderen Straßenseite stehen ein kleiner Eisenpfosten der Grenzgebietsmarkierung, der noch rotweiße Farbspuren trägt, sowie eine Schranke, die den Grenzern als Zufahrt vom ebenfalls noch erhaltenen Betonplattenweg durch die Kleingartenanlage »Fortuna« aufs Grenzgelände diente.

Der Berliner Mauerweg führt jetzt am Denkmal vorbei auf den früheren Todesstreifen. Links und rechts immer noch Kleingärten, wo an Sommerwochenenden je nach Windlage auf der einen Seite der Mauer zu riechen war, was auf der anderen auf dem Grill lag. Links sind die Umfassungszäune der Anlage neu, aber die Betonpfosten stammen noch aus der Zeit der Grenzbefestigung. Die alten Löcher des früheren Zauns sind noch sichtbar. Der Weg führt am **Heidekampgraben** entlang und unter dem Bahndamm der S-Bahn hindurch, der nach 1961 sogar abgetragen worden war. Er führt zum S-Bahnhof Köllnische Heide in Neukölln, der bis 1980 noch als Endbahnhof des Westberliner S-Bahn-Netzes fungierte. Dann wurde der Verkehr eingestellt – und 1993 wiedereröffnet.

Auch im Wohngebiet **Heidekampweg** mit Nachkriegshäusern links des ehemaligen Todesstreifens lassen sich Reste der Grenze finden. An den Häusern, die quer zum Grenzverlauf stehen, verlief gleich neben den rechten Fenstern die Hinterlandmauer, von der zwischen den Häusern noch vereinzelte Fundamentreste vorhanden sind. Dahinter verliefen Signalzaun, Lichttrasse, spanische Reiter, Grenzmauer. Am Gelände eines Kindergartens sind noch Stümpfe der Hinterlandsicherungsmauer vorhanden, mitunter mit abgesägten Resten der Eisenpfosten. Ein besonderes Element der Vorfeldsicherung ist neben dem Haus Heidekampweg 95 zu sehen: eine Baumsperre aus Pappeln, die verhindern sollte, dass ein Fahrzeug vom Wohngebiet auf den Grenzstreifen gelangen konnte. Einige der Pappeln wurden inzwischen abgesägt, aber der Zweck der Pflanzung ist noch klar erkennbar.

Die lange Reihe der Nachkriegswohnhäuser wird

unterbrochen durch mehrere Baracken. Zwischen der ersten und dem Wohngebäude links davon sind im Boden noch Fundamentreste der Hinterlandmauer sichtbar. Mehrere Baracken stehen direkt am ehemaligen Grenzstreifen – um zu verhindern, dass sich jemand für einen Fluchtversuch Zutritt verschaffte, wurden alle Fenster vergittert. Gleich dahinter stehen mehrere Reihen Garagen, dazwischen übrig gebliebene, rotweiß gestrichene Stangen der Grenzgebietsmarkierung. Der Stacheldraht auf den Garagendächern ist längst verschwunden, interessant ist aber ein Hof zwischen Garagen und dem folgenden Altbau. Noch heute ist der Hof massiv eingefasst, und auf der grenzseitigen Mauer ist der Stacheldraht noch vorhanden. Hinter einer Plakatwand an der Straße sind außerdem noch zwei Lampen zu sehen: Der Hof wurde nachts beleuchtet, damit sich dort niemand unbefugt aufhielt. An der Hofseite des Altbaus gleich daneben ist vom Grenzstreifen aus noch ein besonders massives Stück Hinterlandsicherungsmauer erhalten, das den Durchbruch mit einem Fahrzeug verhindern sollte. Auch ein Stück Zaun der Hinterlandsicherung ist noch da.

Kurz danach kreuzt der Mauerweg die Sonnenallee am ehemaligen Grenzübergang, von dem allerdings nichts mehr zu sehen ist. Mitten auf der Straße stand damals ein Wachturm. Vor dem Mauerbau verkehrte auf der Sonnenallee eine Straßenbahn, die aus Neukölln kommend über die Sektorengrenze Richtung Baumschulenweg fuhr. Auf der kurzen Ostseite spielt ein berühmter Mauerfilm: Leander Haußmanns »Sonnenallee« von 1998. Auf dem kleinen Stück Wohngebiet gleich dahinter wurden zahlreiche Reste der Grenzanlagen getilgt, als Wege und Beete hübsch gemacht wurden. Vor den Häusern Nr. 30–36 sind im Gebüsch aber noch Pfostenstümpfe mit Farbresten vorhanden, ebenso Teil der Grenzgebietsmarkierung wie ein rotweißer Pfosten gleich neben der Nr. 30. Die Garagen an der Forsthaus-Allee wurden vermutlich von den Grenztruppen genutzt. Auf der anderen Straßenseite kommt links eine weitere Kleingartenanlage, deren Einzäunung in Richtung Kanal, damals Grenzgebiet, aus Streckmetallzaun besteht, der nicht durchschnitten werden kann. Auf der Wiese liegt sogar noch ein einzelnes Mauerstück, entweder der Grenzmauer oder der Sicherung der Grenzübergangsstelle Düker. Denn hier am Britzer Zweigkanal wurden Lastschiffe abgefertigt, die die Grenze überqueren durften. Viel ist auch davon nicht mehr zu sehen: immerhin noch Reste einer Treppe zum Wasser am anderen Ufer, eine Lampe der Vorfeldsicherung oben an der Straßenbrücke über den Kanal sowie die Kaimauern, die den Zweck des Ortes zur Abfertigung von Schiffen erklären.

Das letzte Stück unserer Erkundung geht am Britzer Zweigkanal entlang, bis zur Gedenkstele für das letzte Schussopfer der Berliner Mauer, Chris Gueffroy. Zu sehen sind an den Zäunen, die die Kleingartenanlagen zum Todesstreifen begrenzten, Lichtmasten aus Holz für die Stromversorgung der Grenzanlagen sowie ein Streckmetallzaun zur Vorfeldsicherung. Hier und in der näheren Umgebung schafften es allein in den beiden Tagen nach Mauerbau, am 14. und 15. August 1961, noch 123 Menschen durchs Wasser nach West-Berlin. Am Tag des Mauerbaus selbst zählte die DDR-Volkspolizei 46 erfolgreiche Fluchten allein in Treptow.

Am 5. Februar 1989 versuchen auch der 20-jährige Chris Gueffroy und sein Freund Christian G. durch die Kleingartenanlage »Harmonie« in den Westen zu fliehen. Sie haben genug von der ständigen Gängelung und verbauten Berufswegen. Der schwedische Ministerpräsident ist in Ost-Berlin zu Gast. Die beiden nehmen an, dass während eines Staatsbesuchs der Schießbefehl nicht befolgt werde. Tatsächlich ist der hohe Besuch zum fraglichen Zeitpunkt aber bereits abgereist, und der Schießbefehl gilt ohnehin. Am Abend gegen halb elf kommen sie in die Kleingartenanlage und beobachten von einem Schuppen aus das Grenzgebiet. Gegen halb zwölf nehmen sie die mitgebrachten Wurfanker und wagen die Flucht, lösen aber nach der Hinterlandmauer am Signalzaun Alarm aus. Sie rennen los, auf das letzte Hindernis zu: ein drei Meter hoher Streckmetallzaun direkt vor dem Kanal, der bereits zu West-Berlin gehört. Als sie beschossen werden, rennen sie vom Schützen weg und schaffen es zum Grenzzaun, wo der Einsatz des Wurfankers misslingt. Mit dem Rücken zum Zaun will Chris Gueffroy seinem Freund per Räuberleiter nach oben helfen. Aus vierzig Meter Entfernung schießt ein Grenzer auf seine Füße, aber Chris steht unter Schock und spürt den Schmerz nicht. Dann zielt der Grenzer höher und trifft mitten ins Herz. Chris Gueffroy ist in wenigen Minuten tot, sein Freund wird festgenommen. Wegen ungesetzlichen Grenzübertritts verurteilt man ihn zu drei Jahren Gefängnis. Mitte Oktober wird er jedoch von der Bundesregierung freigekauft.

Wenige Wochen darauf fiel die Mauer. Die Straße, die hier über den Kanal nach Neukölln führt, wurde 2010 in Chris-Gueffroy-Allee umbenannt, am Ort seiner Ermordung wurde bereits 2003 zu seinem 35. Geburtstag eine Gedenkstele aufgestellt. Der Todesschütze sollte 1992 zunächst für dreieinhalb Jahre ins Gefängnis, später wurde das Urteil in eine Bewährungsstrafe umgewandelt.

Kleines Berliner Mauer-Abc

A wie Ausbürgerung: Immer wieder wurden unliebsame DDR-Bürger gegen ihren Willen ausgebürgert. Man wollte loswerden, wer dem Staat als gefährlicher Unruhestifter galt. Der bekannteste Fall war der des unbotmäßigen Liedermachers Wolf Biermann, der in der DDR jahrelang Auftrittsverbot hatte. Als er 1976 in Köln ein Konzert gab, beschloss die DDR-Regierung seine Ausbürgerung und ließ ihn nicht mehr nach Ost-Berlin zurück.

B wie Bundespräsenz: West-Berlin war bis 1990 kein Teil der Bundesrepublik, aber Bonn zeigte Präsenz, um den Anspruch auf Berlin aufrechtzuerhalten. So wurden einige Bundesbehörden in West-Berlin angesiedelt. Sowohl die DDR als auch die Westalliierten, die auf ihren Rechten beharrten, protestierten dagegen in mitunter seltener Eintracht.

C wie Coladose: Die roten Dosen waren begehrt, denn Westcola gab es nur im Intershop. Coladose nannte man in Ost-Berlin aber auch die in den 80er Jahren eingeführten knallroten S-Bahn-Züge mit hohem Plaste-Anteil.

D wie Delikat: Feinkostläden in der DDR hießen Delikat, genannt Deli oder Fress-Ex, und boten zu stolzen Preisen begehrte Produkte, gegen Ende der

DDR-Zeit sogar Westprodukte für Ostmark. Beim Besuch im Osten konnte man dort den Zwangsumtausch umsetzen und mit dem Gekauften Verwandte beglücken.

E wie EVP: In der DDR gab es offiziell keine Preisunterschiede, alles war über den Endverbraucherpreis (EVP) festgelegt. Mancher Westbesucher verstand die Abkürzung fälschlich als Einheitsvolkspreis. Nach der Wende mussten DDR-Bürger lernen, dass im Westen die Preise stark schwanken konnten.

F wie Freikauf: Die Bundesregierung kaufte zwischen 1962 und 1989 für mehr als 3,4 Milliarden DM insgesamt knapp 34 000 politische Häftlinge und inhaftierte Flüchtlinge frei. Für weitere ca. 250 000 Ausreisewillige zahlte Bonn vermutlich einen ähnlichen Betrag. Für die DDR waren Freikäufe eine willkommene Einnahmequelle für Devisen, an denen es der DDR immer mangelte.

G wie GüSt: Abkürzung für Grenzübergangsstelle, also die Kontrollstellen zwischen Ost und West.

H wie HO-Gaststätte: Die DDR-Handelsorganisation (HO) regierte über Gaststätten aller Qualitäts- und Preisstufen. Wenn eine Gaststätte leer war, versprach das noch lange keinen Tisch, denn man wurde platziert – oder auch nicht. Wenn man es an einen Tisch geschafft hatte, war die Frage, was auf der Speisekarte auch verfügbar war. Manchmal alles, häufiger aber nicht.

I wie Interzonenzug: Züge der DDR-Reichsbahn, die West-Berlin mit Westdeutschland verbanden und dafür rund dreimal so lange brauchten wie heute. An den Grenzen stiegen Grenzbeamte zu, kontrollierten Ausweise und gaben Transitvisa aus.

J wie Juice: In Ostberliner Cafés und Restaurants hieß Fruchtsaft fast immer Juice. Da es meistens nur einen gab, bestellte man eben Juice ohne nähere Spezifizierung. Meistens kam »Orangenjuice auf Rhabarberbasis«: ein ziemlich saurer Rhabarbersaft.

K wie Ketwurst: Es war nicht immer leicht, in Ost-Berlin an einen Restauranttisch zu gelangen, und westliche Schnellimbissketten gab es nicht. Ende der 70er Jahre schuf die Ketwurst Abhilfe, eine Art ostdeutscher Hot Dog: Bockwurst im Brötchen, getaucht in Ketchup.

L wie Laufzettel: Wer es als DDR-Bürger legal oder illegal in den Westen schaffte, hatte es als Deutscher einfacher als andere Zuwanderer. In den Notaufnahmelagern musste trotzdem ein Verfahren durchlaufen werden, für das es einen Laufzettel gab. 12 Stationen mussten absolviert und mit einem Stempel bestätigt werden.

M wie Mehrfachberechtigungsschein: Erleichterte seit 1987 Vielbesuchern die Einreise nach Ost-Berlin. Galt für maximal zehn Besuche innerhalb eines halben Jahres und ersparte den zeitraubenden Gang zur Passierscheinstelle.

N wie Nichtsozialistisches Ausland: Westbesucher in Ost-Berlin wurden von den Behörden wie Ausländer behandelt. Das nichtsozialistische Ausland wurde staatlicherseits besonders geringgeschätzt, im Unterschied zu den »sozialistischen Bruderländern«.

O wie Ostgroschen: Wenn in West-Automaten der Zahlgroschen hängen blieb, musste es ein Ostgroschen gewesen sein, denn die Alumünzen waren leichter als DM-Pfennigmünzen.

P wie Passierscheinstelle: Ein Stück Osten in West-Berlin: In ostigem Büro-Ambiente mit ostdeutschen Beamten in DDR-Uniform übergaben Westberliner ihren Antrag auf ein Besuchervisum in Ost-Berlin. Dabei kosteten sie schon mal einen Schwall DDR-Duft, der von dem Desinfektionsmittel Wofasept dominiert wurde.

R wie RIAS: Rundfunk im Amerikanischen Sektor, dessen deutschsprachiges Programm wegen der Westmusik im Osten gern gehört wurde. Regelmäßig hieß es dort: »Hier ist RIAS Berlin. Eine freie Stimme der freien Welt.«

S wie Senatsreserve: Seit der Berlin-Blockade, auf die West-Berlin nicht vorbereitet gewesen war, hielt der Senat Vorräte vor, um im Fall einer neuerlichen Blockade nicht wieder kalt erwischt zu werden. In regelmäßigen Intervallen wurden die Bestände abverkauft, darunter Kleidung, die längst aus der Mode war.

Sch wie Schwarztaxi: Uber-Vorgänger auf sozialistisch. Privatleute fuhren vor allem abends durch die Stadt und hielten auf Handzeichen bevorzugt bei Westlern. Die fuhren sie in Trabi oder Wartburg für fünf Mark West (fast) überallhin.

Transitstrecke: West-Berlin verbanden drei Transitstrecken mit der Bundesrepublik: Vom Übergang Dreilinden ging es zu den Autobahnen nach Helmstedt oder Suhl zur Weiterfahrt Richtung Süden oder Westen. Der Übergang Stolpe führte auf die Transitstrecke nach Hamburg. Lange Wartezeiten an den Grenzen, unfreundliche Grenzer und ein Tempolimit ließen wenig Freude aufkommen.

Ü wie Übergreifschutz: Geschlitztes Rohr auf der Grenzmauer, dessen Umfang es einem Flüchtling unmöglich machen sollte, es umgreifen zu können und so die Mauer zu überwinden. Der Übergreifschutz löste den Stacheldraht ab, der kaum weniger wirkungsvoll war, aber allzu martialisch wirkte. Er schützte die Mauersegmente außerdem vor Korrosion und Verwitterung.

V wie Valutahotel: Hotels in der DDR, in denen mit DDR-Mark bezahlt werden musste, um Devisen der Westurlauber abzuschöpfen. Sie waren ein Symbol des touristischen Zweiklassensystems, denn dort herrschte nie der Mangel, der in anderen touristischen Einrichtungen an der Tagesordnung war.

W wie Wahnsinn: Meistgebrauchte Vokabel der Maueröffnung am 9. November 1989.

Z wie Zonen-Gaby: Arg böse geratene Persiflage der Satirezeitschrift Titanic auf die Ostdeutschen im Westen: Auf dem Cover der Novemberausgabe hält eine junge Frau überglücklich eine geschälte Salatgurke in der Hand, darunter steht: »Meine erste Banane«.

Literaturhinweise

Arnold, Dietmar/Kellerhoff, Sven Felix: *Unterirdisch in die Freiheit. Die Fluchttunnel von Berlin*, Berlin 2015.

Berlin-Friedrichstraße 20.53 Uhr. Die Flucht von Schülern der Max-Planck-Oberschule in Ost-Berlin, Bad Godesberg 1965.

Cramer, Johannes/Rütenik, Tobias: *Die Baugeschichte der Berliner Mauer* (= Berliner Beiträge zur Bauforschung und Denkmalpflege, 8), Petersberg 2011.

Die Berliner Mauer (Ausstellungskatalog), hrsg. von der Stiftung Berliner Mauer, Berlin 2018.

Die Todesopfer an der Berliner Mauer 1961–1989. Ein biographisches Handbuch, hrsg. vom Zentrum für Zeithistorische Forschung Potsdam, 2009.

Flemming, Thomas/Hagen Koch: *Die Berliner Mauer. Geschichte eines politischen Bauwerks*, Berlin 2004.

Henke, Klaus-Dietmar (Hrsg.): *Revolution und Vereinigung 1989/90. Als in Deutschland die Realität die Phantasie überholte*, München 2009.

Hertle, Hans-Hermann: *Chronik des Mauerfalls. Die dramatischen Ereignisse um den 9. November 1989*, Berlin 2006.

Kern, Ronny: *Siebzehn Kilometer Grenze. Die Berliner Mauer in Treptow 1961–1989*, Berlin 2011.

Klausmeier, Axel/Schmidt, Leo: *Mauerreste – Mauerspuren. Der umfassende Führer zur Berliner Mauer*, Berlin 2004.

Müller, Bodo: *Faszination Freiheit. Die spektakulärsten Fluchtgeschichten*, Berlin 2008.

Müller, Bodo/Schreiter, Siegrun: *Der Tunnel am Checkpoint Charlie. Eine spektakuläre Flucht 1972*, Berlin 2018.

Rödder, Andreas: *Deutschland einig Vaterland. Die Geschichte der Wiedervereinigung*, München 2009.

Sarotte, Mary Elise: *The Collapse. The Accidental Opening of the Berlin Wall*, New York 2014.

Steininger, Rolf: *Berlinkrise und Mauerbau 1958–1963*, München 2009

Bernd Ingmar Gutberlet
Berlin für die Hosentasche
Was Reiseführer verschweigen

Das kleinste Buch über die größte Stadt Deutschlands

Was gehört alles in Hoppelpoppel?
Welche Berliner waren gar keine?
Und wo findet man die wahren Oasen und Idyllen?
Alles über die größte deutsche Stadt und ihre Bewohner:
Historisches, Skurriles, Wissenswertes, Komisches, Bemer-
kenswertes, Interessantes, Vergessenes, Staatstragendes, Ak-
tuelles, Abwegiges, Triviales, Aufregendes, Ärgerliches,
Rührendes, Eigenwilliges, Vergnügliches – kurz: Berlineri-
sches – für Berlin-Touristen, Alt- und Neuberliner und alle,
die mitreden wollen über die Stadt, die in aller Munde ist.

416 Seiten, broschiert

Weitere Informationen finden Sie auf
www.fischerverlage.de

Jörg Zipprick
Frankreich für die Hosentasche
Was Reiseführer verschweigen

Haute Cuisine, haute Couture und o lala
Frankreich hinter den Kulissen

Frankreich, das ist für viele immer noch das Land rotweinseliger Baskenmützenträger und freiheitsliebender Gauloiseraucher. Doch was steckt hinter dem Klischee?
Frankreichkenner Jörg Zipprick nimmt uns mit auf eine Reise jenseits der üblichen Touristenpfade: Versteckte Handwerksbetriebe, besondere Museen, schräge Sportarten oder die Eigenheiten des französischen Liebeslebens. – Alles, was Sie schon immer über die Grande Nation wissen wollten, aber nie zu fragen wagten.

256 Seiten, broschiert

Weitere Informationen finden Sie auf
www.fischerverlage.de

Juliane Pieper
New York für die Hosentasche
Was Reiseführer verschweigen

Das kleinste Buch über die großartigste Stadt der Welt

Gibt es in New York mehr Hundefriseure als Therapeuten?
Wie kann man ein echter New Yorker werden?
Und gibt es diese Bettwanzen eigentlich wirklich?

New-York-Expertin Juliane Pieper verrät Kurioses, Unge-
wöhnliches und Besonderes über die Stadt, über die die
meisten Lieder geschrieben wurden, in der die größten Stars
wohnen und in der es vollkommen unmöglich ist, sich auch
nur eine Minute zu langweilen.

256 Seiten, broschiert

Weitere Informationen finden Sie auf
www.fischerverlage.de